Heinrich Bernhard Oppenheim

**Der Kathedersozialismus**

Heinrich Bernhard Oppenheim

**Der Kathedersozialismus**

ISBN/EAN: 9783744603287

Hergestellt in Europa, USA, Kanada, Australien, Japan

Cover: Foto ©Suzi / pixelio.de

Weitere Bücher finden Sie auf **www.hansebooks.com**

# DER

# KATHEDER-SOZIALISMUS.

VON

H. B. OPPENHEIM.

BERLIN
VERLAG VON R. OPPENHEIM.
1872.

# Inhaltsverzeichniss.

|  | Seite |
|---|---|
| Vorrede | 1 |
| I. Sozialistische Rezepte | 11 |
| II. Ueber die neuen Arten der Arbeit und des Müssiggangs | 23 |
| III. Manchesterschule und Katheder-Sozialismus | 33 |
| IV. Was bedeuten Realismus und Abstraktion in der Volkswirthschaftslehre? | 42 |
| V. Volkswirthschaftliche Verirrungen | 51 |
| VI. Die Wohnungsnoth und der Kommunismus | 63 |
| VII. Ein offener Brief von Karl Braun-Wiesbaden | 72 |

# Vorrede.

— „Viel Feind', viel Ehr'!" —

Meine Herren Gegner haben eine solche Nachfrage nach einigen, seit beinahe Jahresfrist in verschiedenen Zeitungen von mir veröffentlichten Aufsätzen veranlasst, dass ich, um nicht im Einzelnen aushelfen oder Rede stehen zu müssen, mich genöthigt sehe, dieselben für den Buchhandel zu sammeln. Die vorliegende Broschüre kündigt sich somit als eine blosse Partei- und Gelegenheits-Schrift an; sie macht weder den Anspruch, für eine wissenschaftlich erschöpfende Darstellung der darin eröffneten Gesichtspunkte zu gelten, noch den, eine vollständige Liste der zahlreichen, im Titel bezeichneten Sünder an der wissenschaftlichen Volkswirthschaftlehre zu geben. Einige Unklarheiten zu beleuchten, innere Widersprüche zu constatiren und Gegensätze scharf hervorzuheben, um durch Polemik zu fördern, war die bescheidene Aufgabe, die ich mir gestellt.

Die Nationalökonomie ist die jüngste der Wissenschaften und darum — minder, als andere, mit historischem Ballast beschwert, — mehr, als andere, der Gefahr ausgesetzt, sich in abstrakter Konsequenzenmacherei zu verflüchtigen. Diese Gefahr drohte ihr früher vielfach von Seiten eines abstrakten Manchesterthums, — um den herkömmlichen Ausdruck zu gebrauchen, — wie ich vor einigen Jahren in Bezug auf die Frage des Armenrechts auszuführen versucht hatte.\*) Solche Ausartungen sterben nicht leicht aus, aber sie werden seltener, zumal wenn praktische Bethätigung, in der Berathung von Gesetzen oder auf anderen Gebieten, die Theoretiker zwingt, auf ihr Rechenexempel die Probe zu ziehen. Jedenfalls ist der Freihandels-Schule nicht nachzuweisen, dass sie irgendwie oder irgendwo extreme Anschauungen in die Gesetzgebung zu übertragen versucht habe.

Nichtsdestoweniger haben die theoretischen Liebhabereien und Spielereien eines kleinen schriftstellernden Kreises nicht unwesentlich dazu beigetragen, ein entgegengesetztes Extrem gross zu ziehen, das zu unserem Erstaunen aus den geheimnissvollen Räumen der Verschwörer und Zukunfts-Phantasten plötzlich in die Salons drang und auf den Lehrstühlen der Hochschulen zu grassiren begann. Die verzwickte Form, welche der gemeine, landläufige Sozialismus und selbst ein gutes Stück des ordinairen Kommunismus dabei annahmen, forderte eine scharfe Charakteristik heraus. Es galt eben nachzuweisen, dass zwischen den lächerlichsten Formen des Bierbank-Sozialismus, der mit logischer Konsequenz auch zum Kommunismus führen würde, und dieser quintessenziirten Schulweisheit kein spezifischer Unterschied sei. Und es gilt um so dringlicher, diesen Nachweis zu führen, als die ganze

---

\*) Ich erlaube mir, deshalb auf meine kleine Schrift: „Ueber Armenpflege und Heimathsrecht", Berlin bei L. J. Heymann 1870, zu verweisen.

Bewegung — das Schönthun und Coquettiren mit der Arbeiterklasse, das oberflächliche und hohle Anathematisiren gegen Bürgerstand und „Kapitalismus" — in eine Zeit fällt, wo das allgemeine Stimmrecht, die neue Koalitionsfreiheit und andere analoge Errungenschaften dem Arbeiterstande ohnediess leicht — zu seinem eigenen schweren Schaden — eine allzu grosse Zuversicht in seine Macht und den Glauben an seine künftige Herrschaft einflössen.

So lange wir Kritiker uns mit dem schweren Geschütz der Gelehrten-Zunft (z. B. mit Schäffle's dickleibigem Buche: „Kapitalismus und Sozialismus") zu schaffen machten, nahm das grosse Publikum keinen Antheil daran, und die Angegriffenen hüllten sich in ein bequem vornehmes Sohweigen. Als ich aber die sogenannten populären Schriften der Herren in verständlicher Weise zu durchmustern begann, ging das Zetergeschrei los. Weil mir der Meisterbrief in der Professoren-Zunft fehlt, sollte ich nicht fähig sein, die unendliche Tiefe ihrer Ideen zu ergründen. Wo ich wörtlich citirt hatte, wurde ich der Verdrehung und Fälschung angeklagt, — und es fand sich bei näherer Betrachtung allerdings, dass ich Diesem und Jenem zu viel Ehre angethan hatte, als ich ihn beim Worte nahm und für seine kühnen Aeusserungen einstehen lassen wollte. Da war vorsichtigerweise hier und da eine verklausulirende Partikel angebracht, welche dem himmelstürmenden Gedanken eine irdische Fessel anlegte, oder, wie mein verehrter Freund Braun viel bildlicher und besser in seinem „Offenen Briefe" sagt (dessen Mittheilung am Schluss dieses Heftes er mir gütigst erlaubt hat), es war so eingerichtet, dass jeder sozialistische Büffel einen Ring in der Nase trug, woran ihn ein kleines Kind in den Stall führen konnte. Diese Bemerkung, von Braun zunächst gegen Herrn Prof. Wagner gerichtet, der allerdings das lohnendste und mustergültigste Exemplar der ganzen Gattung ist, bezieht sich aber nicht ausschliesslich auf ihn. Nicht sowohl Feigheit, Unredlichkeit oder Heuchelei tragen an dieser mehr als unerfreulichen Erscheinung die Hauptschuld, sondern die gelehrte Halbdenkerei, welche sich gerne in den Nebel unklarer Worte hüllt. Ein geistvoller Mitredakteur der Berliner „Nationalzeitung" wollte diese Erscheinung auch aus dem ehrenwerthen Gelehrtentriebe erklären, welcher die feststehenden Thatsachen stets einer neuen Untersuchung zu unterziehen strebt und keine zweifellosen Axiome bestehen lassen mag. Wir sind weit entfernt, dies ganz zu bestreiten, und lassen diesen mildernden Umstand sehr gerne für das Entstehen der besagten Richtung im grossen Ganzen gelten. Auch wir halten nicht Adam Smith für ein Evangelium und beugen uns überhaupt vor keiner endgültigen Autorität. Es ist in dem Organismus unseres geistigen Gesammtlebens wohlweislich oder glücklich so eingerichtet, dass es stets wieder Leute giebt, welche den Trieb fühlen, das dialektische Rüstzeug, mit welchem die Wissenschaft zu operiren hat, von Neuem zu prüfen. Wo wir aber vorgefasste Meinungen treffen, bezweifeln wir die Berechtigung zu dieser nützlichen Thätigkeit. Und es ist doch gar zu dürftig, wenn Leute mit wahrer Prophetenmiene und einem wissenschaftlichen Hochmuth sonder Gleichen nicht über das gewöhnlichste Kategorienspiel hinauskommen, welches an die allem Bestehenden anhaftenden Unzulänglichkeiten anknüpft, um — eine neue, bessere Welt zu versprechen, deren Konstruirung aber nicht einmal ernsthaft versucht wird. Von den ehrlichen alten Sozialisten, welche mit der Phantasie en gros gearbeitet haben, pflegen die vornehmeren Nachfolger zu erklären, dass die positive Seite ihrer geistigen Arbeiten allerdings nicht der Mühe werth sei, aber in der Negation seien sie gross gewesen. Die negirenden Leistungen dieser Vorläufer acceptiren sie nun bestens, giessen noch eine verdünnende Brühe darüber, und — dabei bleibt's. Was ist aber von dem dialektischen Inhalt und dem wirklichen Werth einer radikalen Kritik zu halten, wenn sich kein positiver Vorschlag daran knüpfen lässt, oder wenn die positiven Vorschläge, welche schliesslich Verlegenheitshalber doch daran geknüpft werden, so unhaltbar sind, dass sie in den Händen des Prüfenden zu Nichts vergehen, oder auch gleich von den Urhebern wieder abgeleugnet werden. Diese ewig grüne sozialistische Negation gleicht der „Frucht, die fault, eh' man sie bricht, und Bäumen, die sich ewig neu begrünen!" —

Zuerst erschraken die bezeichneten Professoren über den sozialistischen Beinamen, den ich ihnen gegeben, als handle es sich um eine Denunziation bei den Gerichten. Dann witterte ein schlauer Jünger der Zunft eine akademische Intrigue um irgend einen neuen Lehrstuhl dahinter. Zuletzt wurde auch noch das Prinzip der Lehrfreiheit — zwar nicht gegen mich selbst, aber gegen einen meiner Freunde — für die angegriffenen Hochschullehrer in's Feld geführt.

Da sich bei diesem Anlasse die Parteigänger des Professorenthums so warm für den Grundsatz der Lehrfreiheit zu interessiren vorgeben, so möchte ich sie, den Privatdozenten und allen unzünftigen Lehrern gegenüber, wohl beim Worte gehalten wissen. Es ist bedauerlich, dass die erste Frage (des Katheder-Sozialismus) durch diese zweite Frage (der Katheder-Freiheit) komplizirt wurde; da es aber einmal geschehen ist, so muss auch auf diesem Gebiete eine Begriffs-Verwirrung signalisirt werden, zu welcher gleichfalls, in oft geübter Weise, eine liberale Formel missbraucht wird. Zunächst steht doch die Lernfreiheit jedenfalls ebenso hoch, als die Lehrfreiheit, und darum wünschte ich, dass an allen, namentlich aber den grösseren Universitäten die verschiedenen wissenschaftlichen Richtungen desselben Faches vertreten seien. Herrscht eine einzelne Richtung vor, so ist jedenfalls die Lernfreiheit des Studierenden verkürzt. Ich spreche von den verschiedenen wissenschaftlichen Richtungen und meine damit die Voraussetzung, dass die Methode des Vortragenden jedenfalls eine wissenschaftliche sein müsse. Wird der Student in der Vorlesung zu einem freien und exakten Denken angeregt, so kommt es auf die Resultate, welche der Professor zieht, weniger an. Wo aber diese Resultate den augenscheinlichen Beweis eines unwissenschaftlichen Denkens liefern, muss es wenigstens gestattet sein, zu beklagen, dass die unmündige Jugend solchen Einflüssen schutzlos und ausschliesslich preisgegeben sei. So lange der Staat einzelne Lehrer auszeichnet, besoldet und ihnen lebenslänglich hervorragende Stellungen sichert, hat er allerdings die Pflicht, deren wissenschaftliche Leistungen sorgsam zu prüfen, und ist er für die üblen Folgen schlechter Wahlen einigermassen verantwortlich. Sintemalen die Staatsbehörden aber nicht das Privilegium der Unfehlbarkeit geniessen, darum thuen sie am besten, die verschiedenen Richtungen parteilos zur Geltung kommen zu lassen. Und zwar ist gerade Dies die eigentlichste Aufgabe der die Universitäten leitenden oder beaufsichtigenden Behörden, — eine Aufgabe, wichtig genug, um ihr aussergewöhnliche Anstrengungen zu widmen, zumal wenn so viel darauf ankommt, wie bei dem praktischsten aller Lehrgegenstände.

Kein Unbefangener wird aus diesen unmassgeblichen Bemerkungen den Antrag auf ein wissenschaftliches Ketzergericht oder ein Displinarverfahren gegen unfähige (aber zweifellos unabsetzbare) Professoren herauslesen; ich brauche mich zu meiner Rechtfertigung hierüber wohl kaum auf meine ganze Anschauungsweise und meine eigene Vergangenheit zu berufen. Hat man also keinen Grund, gegen mich die bedrohte Lehrfreiheit in Schutz zu nehmen, so muss ich dagegen wider die verbreitete und auch mir vorgeführte Ansicht protestiren, als könnte Einer ein ausgezeichneter Lehrer und ein Förderer seiner Wissenschaft sein, dessen populäre Darstellungen solche Blössen bieten, wie die von mir gerügten. Wahrlich, diese Auffassung sollte unter gebildeten Menschen keinen Wortführer mehr finden. Wenn der banausische Gelehrte in seinem Handwerks-Jargon seltener *ad absurdum* geführt wird, so kommt es daher, dass er den Schutz einer Coterie oder den Vortheil des, durch seine Unverständlichkeit aufrecht erhaltenen, günstigen Vorurtheils geniesst. Wer in populärer Sprache flach oder confus erscheint, ist auch in der unverständlicheren Schulsprache nicht tiefsinniger, sondern nur noch verworrener. Eine bessere Probe lässt sich auf die Mehrzahl der gelehrten Schriften gar nicht machen, als dass man ihre eigentlichen Ergebnisse in allgemein fasslicher Sprache darzustellen, sie gleichsam in menschliches Deutsch zu übersetzen sucht; wo dieser Versuch als ein feindseliges Unternehmen ausschlägt, da war sicherlich an der ganzen Leistung Nichts. Ich darf diesen Satz hier um so unbedingter aufstellen, als die Gegner ja eine Phraseologie für sich haben, welche für Dilettanten und Halbwisser viel Bestechendes hat, wie, zum Beispiel, die von dem ethischen Moment der Nationalökonomie, welches die Freihandelsschule vernachlässige oder ignorire. In der praktischen Anwendung der Gegner reduzirt sich dieses „ethische" oder „sittliche" oder auch „christliche" Moment meistentheils darauf, dass den Arbeitgebern in's Gewissen geredet wird, oder dieselben zu freiwilligen Leistungen veranlasst werden sollen. Nimmermehr lässt sich aber ein ganzes Verkehrssystem oder eine durchgreifende Reform desselben auf den guten Willen Einzelner oder auch ganzer Klassen begründen. Will man aber unter dem „ethischen Moment" eine Gesetzgebung verstehen, welche die Gesundheit, Sittlichkeit, Bildung der arbeitenden Klassen schützt und fördert, sie gegen die möglichen Uebervortheilungen des Arbeitsvertrages sicher stellt u. s. w., so handelt es sich wesentlich um eine Grenzberichtigung zwischen den beiden Schulen. Soweit dieses Ziel innerhalb der Grenzen des modernen Rechtssystems zu erreichen ist, — und unseres Erachtens ist es überhaupt nur innerhalb dieser Grenzen zu erreichen, — soweit strebt auch die Freihandelsschule dieses Ziel an. Es ist eine recht sonderbare Fälschung der geschichtlichen Wahrheit, wenn die ganze englische Fabrik- und Gesundheitspflege-Gesetzgebung, wenn das ganze Genossenschaftswesen, wenn die Einführung der Koalitionsfreiheit und Freizügigkeit der Arbeiter, die Anbahnung der gewerblichen Schiedsgerichte, vielleicht auch die Abschaffung der Lohnbeschlagnahme, das neue Haftpflichtgesetz und so vieles Andere dem Verwandte, nun plötzlich auf Rechnung der Sozialisten gesetzt und als so viele Niederlagen der Freihandels-Schule dargestellt werden. (Auch eine mässig progressive Einkommensteuer, so wie die anderen dringenden Reformen unserer Steuersysteme möchte ich nicht als sozialistische Forderungen gelten lassen; sie wurden nicht zuerst von den Sozialisten aufgestellt.)

Wir wollen eine sittliche Nationalökonomie, wie wir eine sittliche Jurisprudenz wollen; — das Beiwort ist zu selbstverständlich, um überhaupt etwas Besonderes zu besagen. Nur darf die Privat-Moral nicht mit der öffentlichen Sittlichkeit verwechselt und durch eine Begriffsverwirrung an deren Stelle gesetzt werden. Wenn die Rechtsphilosophie, das Strafrecht und das öffentliche Recht als „das Recht der Sittlichkeit" bezeichnet, so soll damit nicht ausgedrückt werden, dass das Privatrecht eine unsittliche Institution sei, sondern nur, dass in den höheren Rechtsgebieten die Gebote der Sittlichkeit an sich und unmittelbar zum Ausdruck kommen. Die Sittlichkeit ist hier immanent; sie zieht nicht blos die Schranken des Erlaubten, sondern sie bildet den eigentlichen Inhalt und Zweck der Gesetze und Einrichtungen. Allein sie beruht auch hier nicht auf dem guten Willen der Bürger, sondern auf der Erzwingbarkeit des Gesetzes. In diesen (und anderen) Beziehungen hängt die Nationalökonomie einerseits mit dem Privatrechte, andererseits mit dem Verwaltungsrechte zusammen. Die neueren Bestrebungen, das gesammte Verwaltungswesen juristisch zu durcharbeiten, sowie die Tendenz, die Grenzen zwischen dem Recht und der Volkswirthschaft, zwischen der Jurisprudenz und der Nationalökonomie schärfer zu ziehen und die verbindenden Momente näher zu bestimmen, werden auch den von uns angeregten Erörterungen förderlichst zu Gute kommen.*)

---

*) Neuerdings hat einer der geheimnissvollen Weisen in dem grossen süddeutschen Blatte, das sich unserer Widersacher so warm anzunehmen pflegt, die Brücke von der „ethischen" Volkswirthschaft der Kathedersozialisten zu Stahl's „christlichem Staate" geschlagen. Der Mann hat sicherlich Recht; wir haben längst den inneren Zusammenhang zwischen diesen beiden Feinden des freien Rechtsstaates durchschaut und klar zu legen gesucht.

# I.

## Sozialistische Rezepte.

**Richard Hirschberg**, Die Lösung der sozialen Frage nebst einer Darstellung der wichtigsten sozialistischen Lehren und der Arbeiterbewegung der letzten Jahre. (Meissen, Verlag von Louis Mosche, 1871).

**Prof. Dr. Heinrich Contzen**, Die soziale Frage, ihre Geschichte und ihre Bedeutung in der Gegenwart. (Leipzig, Luckhardt'sche Verlagsbuchhandlung, 1871).

**Julius Fröbel**, Die Irrthümer des Sozialismus. Ein öffentlicher Vortrag. (Leipzig, Verlag von Otto Wigand, 1871).

Man verfällt leicht dem Irrthume, dass die Fragen, welche man in seinem engeren Kreise durch eine vernunftgemässe Lösung entschieden sieht, nun auch für die übrige Welt entschieden seien. Am gefährlichsten ist diese Täuschung bei den Fragen, deren Beantwortung häufiger von der Leidenschaft, als von dem Verstande unternommen wird. „Wer hangt, bangt", sagt ein populäres Sprüchwort. Eines der einfachsten Verhältnisse ist sicherlich das des Kranken zum Arzte, und doch thäte es gründlich Noth, dass einmal ein volksfassliches, gemeinverständliches Büchlein geschrieben würde über die vernünftige Art, den Arzt zu benutzen und zu befragen, und über das, was verständigerweise von ihm zu erwarten sei. Auch der grössere Theil der guten Gesellschaft, namentlich aber die weibliche Hälfte, könnte viel daraus lernen und gewinnen. Wer auf ärztlichem Gebiete nicht etwas Charlatan ist, erwirbt noch immer wenig Vertrauen. Mancher Halbgebildete meint, die Wissenschaft sei ganz gut, aber sie wirke zu langsam; mit einigem Hokuspokus sei vielleicht rascher zu gesunden. Ebenso geht es mit den gesellschaftlichen Uebeln, und die Arbeiternoth ist so recht eigentlich der Tummelplatz der Charlatans geworden, noch dazu solcher, welche aus reiner Menschenliebe zu kuriren vorgeben.

Es giebt auch naive Charlatans, die an ihre eigenen Geheimmittel mehr oder weniger ehrlich glauben. Viele von diesen gemahnen mich, wie jenes Ehrenmitglied eines Irrenhauses, welches besuchenden Fremden als Cicerone diente und zum Schluss sagte: „Dieser Narr will Jesus Christus sein, ich müsste es aber doch wissen, da ich selbst Gott Vater bin!" In das Sozialistische übersetzt, wird diese Wendung in der Regel ungefähr folgendermassen lauten: „Diese Narren wollen die Menschheit retten, indem sie gewaltsam das Eigenthum aufheben und aus dem Staate eine Zwangsanstalt machen. Ich weiss ein Mittel, welches die Operation völlig schmerzlos macht, dem Kapitalisten nicht wehe thut und doch Alles in's Gleiche bringt. Ein wenig nur am Prinzip des freien Besitzes und der Verkehrsfreiheit gedoktert, und es giebt keinen Nothstand mehr!"

Jeder hat natürlich sein eigenes Rezept und verachtet die Rezepte der Andern. Durch Neuheit zeichnet sich übrigens kein einziges derselben aus, sie sind alle schon seit länger als einem Menschenalter ventilirt worden. Auch fangen seit dreissig Jahren alle betreffenden Schriften mit einer sogenannten Geschichte des Sozialismus an, in welcher Aristoteles über die Sclaverei citirt wird, und die dann von Spartakus, mit einigen Sprüngen über das Lehnrecht und die Bauernkriege hinweg, zu Baboeuf und Cabet, zu Saint-Simon und Fourier, zu Robert Owen und Proudhon übergeht und Jeden derselben mit einigen Kraftphrasen „abthut". Das gewöhnliche Schluss-Tableau bildet Ferdinand Lassalle in glänzender Beleuchtung. Seit seinem abenteuerlichen Tode hat ihn die sozialistische Presse neidlos zum grossen Manne gestempelt. Doch bemerke ich in den neuesten Schriften die etwas verspätete Entdeckung, dass er eigentlich Louis Blanc abgeschrieben hat, der selbst kein Ausbund von Originalität zu nennen ist. Herr Richard Hirschberg thut noch ein Uebriges und giebt uns zum Schluss neben Lasalle die Biographien von Bebel, Försterling, Liebknecht, Schweitzer, Fritzsche, Mende und Wilhelm Hasenclever. Ungern vermissen wir Tölcke, Brakel, York und Spiers, und auch über Fritzsche's Vornamen- und Geburtsverhältnisse war leider „Nichts in die Oeffentlichkeit gedrungen"; nur das weiss Herr Hirschberg, dass Herr Fritzsche „ursprünglich Cigarrenmacher" gewesen. Das warme Interesse an diesen Persönlichkeiten ist dem allerdings nicht unwesentlichen Umstande zuzuschreiben, dass Herr Richard Hirschberg ein Sachse ist. Ohne diesem engeren Vaterlande zu nahe treten zu wollen, darf doch nicht unerwähnt bleiben, dass es vor dem grossen Kriege den Erfahrungssatz, dass sozialistische Parteien am üppigsten unter ungesunden politischen Verhältnissen gedeihen, durch sein Gebahren wenigstens nicht widerlegt hat. Der grünweisse Partikularismus hat damals bei den Reichstagswahlen dem

Sozialismus kräftig unter die Arme gegriffen. Unter den Nachwirkungen dieser unnatürlichen Verbindung hat noch gegenwärtig die liberale Partei in vielen Wahlkreisen Sachsens einen schweren Stand. Herr Hirschberg, der zur liberalen Partei gehört und sich vermuthlich in seinem Wahlkreise wesentliche Verdienste um dieselbe erworben hat, sagt in dem Vorwort seines Büchleins:

„Schon seit Jahren hat mich jene unheimliche Erscheinung, welche man soziale Frage nennt, theoretisch beschäftigt, auch das praktische Leben mich mehrfach ihr näher geführt, bis der mächtig anregende Einfluss des deutschen Reichstages, in welchen ich als Abgeordneter des siebenten sächsischen Wahlkreises eintrat, und insbesondere die Berathungen über das Gesetz, die Haftpflicht der Eisenbahnen etc. betreffend, nicht minder Bebel's unerhörte Rede, alte Zweifel lösten, im Nebel schwankenden Gedanken Kern und Gestalt verliehen und mich noch während des Reichstages selbst zur Abfassung dieser Schrift drängten. Ich habe mich in ihr der grössten Unparteilichkeit beflissen und neben bitterem Tadel wird man auch volles Anerkenntniss der Sozialisten, soweit sie es verdienen, finden."

Der Harmlosigkeit dieser Erklärung entspricht es auch, wenn der Verfasser, der „das Gefährliche des Sozialismus ebenso seinen Anhängern, wie dem Publikum überhaupt zu zeigen" hofft, dazu versichert, dass er nach seiner „unerschütterlichen Ueberzeugung die Lösung der sozialen Frage, soweit sie dem jetzigen Geschlechte möglich ist", anbahne und zwar durch einen Gedanken, welcher „in einem, in der bevorstehenden Herbstsession des Reichstages von ihm einzubringenden Gesetzentwurfe verarbeitet werden soll." Trotz der Unerschütterlichkeit seiner Ueberzeugung werden die Grundlinien dieses Gesetzentwurfes „einer gewissenhaften Kritik um so wärmer empfohlen, je karger die Musse war, welche der Verfasser einer so schwierigen Aufgabe widmen konnte." Sein Plan „liegt gewissermassen in der Luft; er bricht ihn, wie eine reife Frucht am Baume der Zeit". Es ist in kurzen Worten eine „allgemeine deutsche Zwangsversicherungsanstalt". Zu dieser Idee, welche allerdings in der Luft liegt, aber auch in der Luft bleiben wird, scheint Herr Hirschberg durch die Debatten über das Haftpflichtgesetz angeregt worden zu sein, denen er als junges Reichstagsmitglied beizuwohnen die Ehre hatte, und besonders durch den Antrag Hammacher's u. A., welcher die Errichtung von Zwangskassen zur Versicherung gegen gewisse Unglücksfälle bezweckte. Zum Glück hatte sich der norddeutsche Reichstag schon bei der Gewerbeordnung im Prinzip gegen die Zwangskassen ausgesprochen, und der deutsche Reichstag wurde diesem Prinzip nicht untreu. Herr Hirschberg beginnt damit, zu beklagen, dass die Lebensversicherungsgesellschaften in Deutschland nicht unter strengerer Staatsaufsicht stehen; denn das Werk der Gesellschaftsrettung pflegt auch bei den Wohlmeinendsten damit zu beginnen, dass die Polizei zu Hilfe gerufen wird. Die Brüderlichkeit, welche Herr Hirschberg der diesjährigen Reichstagssession vorzuschlagen gedenkt, beruht auf einer sehr verwickelten Buchführung, in welcher jede deutsche Seele ihr Folio hat, und alle einzelnen Personen, alle Gemeinden, alle Bundesstaaten und das Reich (welchem ja nach Artikel 4 Nro. I der Bundesverfassung die Gesetzgebung und Beaufsichtigung des Versicherungswesens zusteht) in gegenseitiger Abrechnung zu einander stehen. Wir glauben nicht, die Leser mit einer weitläufigen Auseinandersetzung dieses Planes ermüden zu dürfen, und meinen nicht, dem Reichstage vorgreifen zu müssen. In Kürze: man denke sich, dass in einer Gemeinde alle Individuen sich gegenseitig gegen alle Wechselfälle des Lebens assekuriren, und dann wieder alle Gemeinden unter einander gegen die Kosten-Ueberschüsse etwa wechselseitige Versicherung leisten. Ein bescheidenes Werkzeug, das Herr Hirschberg dafür noch in Anspruch nimmt, ist eine Reichsbank, welche diesen Verkehr kreditmässig vermittelt. Er berechnet sechs Thaler jährlich auf den Kopf und wäre vielleicht nicht abgeneigt, die ersten 240 Millionen Thaler aus den französischen Kriegsentschädigungsgeldern zu beziehen. An Alles hat er dabei gedacht, selbst an die Mobilisirung des „Versicherungsscheines" zu Zwecken des persönlichen Kredits. Insofern ist Methode in dem Nonsens. Aber dass der Staat dabei eine kommunistische Maschinerie würde, in welcher sogar der Antrieb zur Selbstthätigkeit stark gemindert wäre, das ist dem Verfasser nicht eingefallen. Eine ernsthafte Widerlegung ist hier sicherlich nicht von Nöthen, höchstens eine Verweisung auf die älteren wissenschaftlichen Schriften, welche sich mit solchen Projekten befassten.

Wissenschaftlicher, als Herr Hirschberg, verfährt Herr Dr. Contzen, dessen geschichtliche Einleitung auch mehr gelehrtes Material enthält. Seinen höheren Standpunkt bewährt er gleich Anfangs durch Berufung auf den, von Professor Schönberg aufgestellten Satz, dass die praktische Lösung der sozialen Aufgaben nur nach Massgabe der konkreten, besonderen Verhältnisse erfolgen könne und deshalb nothwendig nach Land, Ort und Produktionsart verschieden ausfallen müsse. Damit ist die sogenannte soziale Frage gleich ihres Wolkengewandes entkleidet und auf die ebene Erde herabgezogen. Contzen liebt es, gewissen nationalökonomischen Schriftstellern der Gegenwart diejenigen Stellen zu entlehnen, welche die gesellschaftlichen Missverhältnisse und Missstände auf die inneren Schäden des wirthschaftlichen Organismus der Gegenwart zurückzuführen suchen. Schönberg, Gustav Schmoller, Bruno Hildebrand, Geheimerath Engel sind ihm dabei willkommene Autoritäten, Schäffle's geschmacklose Unklarheiten werden nicht verschmäht, und selbst Bischof Ketteler's berühmtes Wort, dass der moderne Arbeitsmarkt ein Sklavenmarkt sei, findet in einer Anmerkung sein Unterkommen. Leider klingen die meisten derartigen Aeusserungen tiefsinniger, als ihre innere Wahrheit und Logik es verdienen. Unwillkürlich geht hier meistens der verschämte Sozialismus in den unverschämten über. Die Romantiker des Gildenwesens und der korporativen Gliederung, die Enthusiasten des Versicherungsgeschäfts, die ultramontanen oder sonst reaktionären Anhänger mittelalterlicher Beschränkungen, sowie die Volksschmeichler, sie Alle suchen bald den kritiklosen Gefühlseifer des Menschenfreundes, bald den unbegrenzten Forschertrieb und Skeptizismus des jugendlichen Gelehrten gegen die wirthschaftliche „Organisation" der Neuzeit auszubeuten. Ist aber unser wirthschaftliches Verkehrsleben wirklich ein gegliederter Organismus, so sind entweder die Schäden desselben nothwendige Folgen des gesammten Systems, oder sie sind Folgen einer unvollständigen Ausführung desselben. Im ersteren Falle, den jene Herren mehr oder weniger ausdrücklich annehmen, mehr oder weniger kühn aussprechen, ist allerdings das ganze System zu verdammen. Dann möget Ihr die Thore allen Phantasten, allen Erfindern neuer Gesellschaften eröffnen; dann tritt die Quacksalberei an die Stelle der Wissenschaft, dann ist der krasseste Kommunismus die konsequenteste Schlussfolgerung, und Fourier war der einzige Logiker, weil er, gleich von Haus aus, sogar die physische Natur des Menschen verändern wollte. Ist aber der zweite Fall der richtige, erkennt Ihr mit uns, dass unser wirthschaftliches Leben nach seinen inneren Gesetzen auf der Basis der Freiheit auszubauen ist, so helft uns, diese Gesetze zu erkennen und bis zu ihren letzten Ergebnissen durchzuführen. Dann helfet auch die Erkenntniss verbreiten, dass zwar Noth und Elend so wenig ganz auszurotten sind, als Sünde, Laster, Krankheit und Tod, dass aber der fortschreitende Wohlstand aller Klassen mit der fortschreitenden Freiheit und Bildung, das heisst: mit der logischen Entfaltung des schon errungenen Rechtssystems, Hand in Hand gehen. Und vor allen Dingen, gebt die Coquetterie mit unklaren, durch ihren Wohlklang verführerischen, aber hohlen Phrasen auf!

Prince-Smith sagt einmal in seiner einfach scharfen Weise: „Eine Anklage wegen Ungerechtigkeit gegen die Einrichtung des Volkshaushalts müsste sich stützen auf den Nachweis, dass die Einen deshalb kärglich leben müssen, weil Andere in Fülle geniessen. Ein solcher Nachweis ist nirgends geführt, auch nicht einmal ernstlich versucht worden. Dagegen weist die Volkswirthschaft nach, dass, wo sich der Volkshaushalt frei auf seinen natürlichen Grundlagen entwickelt, Keiner auf Kosten der Anderen geniesst, sondern Jeder durch Fördern des eigenen Nutzens auch für Andere Nutzen stiftet."

Im Grunde meint es Herr Contzen auch nicht anders, er meint es so schlimm gar nicht. Weil aber am Schluss ein Recept stehen soll, so steht da ein ziemlich unbedenkliches, das uns anmuthet, wie das von manchem vernünftigen Arzt mit lateinischen Formeln und Maassen verschriebene Zuckerwasser. Dr. Contzen hat zu dem Behufe sogar einen konsultirenden Arzt zugezogen; das *Collegium medicum* besteht aus ihm und Herrn Dr. Hugo Schramm, welcher Letztere uns schon durch seine Bearbeitung des Thornton'schen Buches: „Die Arbeit", wohl bekannt ist. Das Rezept lautet: „Selbstverleugnung, Gemeinsinn!" Allein auch unschuldiges Zuckerwasser kann den Magen angreifen, und solche allgemeine moralische Formeln, welche auf die Pflicht des Almosengebens (s. Contzen S. 68) hinauslaufen und die Arbeiter auf die Zeit vertrösten, wo sie alle Kapitalisten sein werden (ebendaselbst S. 67) wirken wenigstens nicht kräftigend.

Nicht sowohl um das moralische Gefühl bewegt sich die Krisis, als um den Mangel an klarer Erkenntniss. Gewerbliche Ausbildung, volkswirthschaftliche Aufklärung, eine gesunde Tagespresse für die niederen Klassen, von der auch Professoren und Abgeordnete manchmal profitiren könnten, eine Presse nämlich, welche nicht nur hohe Politik treibt, sondern die täglichen Leiden des Bürgers täglich einer ernsthaften Betrachtung unterzieht — das ist, was Noth thut.

Nehmen wir zum Beispiel die Frage der Wohnungsnoth. In gewissem Sinne darf die Gefahr einer solchen in einer grossen Stadt niemals aus den Augen gelassen werden. Bei allen solchen Schäden ist unablässige Erforschung und stetige Behandlung von Nöthen; das Plötzliche, Staatsstreichartige ist stets vom Uebel. Nun kommen aber auf einmal vornehme und gemeine Menschenfreunde und wollen gerade zum 1. Oktober 1871 das Berliner Proletariat retten, das vielleicht gar nicht einer so akuten Rettung bedarf, sie nicht verlangt hat und nun zur Unthätigkeit verlockt wird, wenn man es in seinen Verlegenheiten ohne Weiteres auf den Stadtsäckel anweist. Selbst der Staat hat die Neigung, so zähe er mit seinen eigenen Geldern ist, aus den Gemeindekassen Grossmuth zu üben. Das Seltsamste aber ist, dass ein (vom Waldenburger Strike her) bekannter Agitator, einer der zahlreichen Vormünder des Arbeiterstandes, welche diese Stellung nur der Selbst-Ernennung verdanken, plötzlich mit einer ganzen Reihe von Heilmitteln auftritt, in welcher, unter anderen kühnen Griffen, auch die „Erbverpachtung öffentlicher Ländereien" prangt. Daneben die „Gewährung von Hypothekenkredit aus den grossartigen Mitteln der französischen Kriegs-Entschädigung". Auch Kasernenbau „zur Unterbringung der Tausende von Gemeinde- und Staatsbeamten, welche gegenwärtig die Wohnungsnoth der arbeitenden Klassen mittragen und bedeutend erhöhen". Kurz, für Jeden Etwas! Hier ein Sträusschen, da ein Sträusschen! Phalanstère-Kasernen, unkündbarer Staatskredit, der kündbare wäre ja hier zwecklos, und feudale Erbpacht! Herr Dr. Max Hirsch hat in seiner wissenschaftlichen Unschuld wohl gar nicht bemerkt, dass er zu den wirthschaftlichen Einrichtungen des feudalen Mittelalters zurücksteuert und mit dem viel geschmähten Junkerthum, gleich seinem früheren Freunde Anton Niendorf, in dieselbe Trompete stösst. O armer edler Schulze-Delitzsch, welchen schweren Stand hast Du mit solchen Gefährten! Welche Noth hat Dein Genossenschaftswesen neben solchen Genossen! Einen freundlicheren Eindruck hinterlässt Fröbel's geistvoller Vortrag. Sehr gut weist er den Zusammenhang zwischen Sozialismus und französischer Rechtsanschauung nach; nur dass er in seiner dialektisch spielenden Weise gelegentlich die Lust an der Antithese zu weit treibt; z. B. bis zu der Behauptung, „dass Freiheit und Gleichheit unvereinbar sind." Dieser Satz würde, roh aufgefasst, zu der mittelalterlichen Freiheit des Herrn Dr. Max Hirsch zurückführen, während die wahre Freiheit doch auf der Gleichheit vor dem Gesetze beruht. Fröbel formulirt die Aufgabe der sozialistischen Untersuchungen recht gut dahin, „auf dem wirthschaftlichen Gebiete zwischen dem nothwendigen Eingreifen der Staatsregierung und der freien Bewegung des Volkslebens, die den jeweiligen Bedürfnissen der Gesellschaft entsprechende Grenzlinie zu finden". Mit solchen Kleinigkeiten geben sich aber unsere Sozialisten nicht ab; sie konstruiren vielmehr Systeme, über deren Unausführbarkeit sie sich, wie Fröbel meint, im Stillen selber freuen. Zum Schluss führt Fröbel viele höchst ergötzliche Beispiele „sozialistischen Aberglaubens" an, zum Beispiel die Rettung der Menschheit durch den Vegetarianismus, und unter vielen „Denkern" von Nordamerika, welche eine nichtskostende Kraft zu erfinden sich abmühen, den weisen Mann, der die Klopfgeister zur Arbeit zwingen wollte. Dann wäre erfüllt das Wort des Aristoteles, dass sich die Tische von selbst bewegen, die Spindel von selber am Webstuhle läuft, und sich die Laute von selber spielt! Wir hätten das Zusehen und Zuhören!

Fröbel's Mittheilungen aus Nordamerika sind sehr interessant; dort lebt sich jede Phantasterei gleich ungestört bis zu ihren letzten Konsequenzen aus, und auch der Individualismus treibt da oft zu lächerlichen Extremen. Da braucht man kein Mikroskop zum Beobachten. Merkwürdigerweise aber hat Fröbel den verbreitetsten und verderblichsten sozialistischen Aberglauben nicht angeführt, den nämlich, dass die Arbeiter eine höhere Menschenklasse von besonderer Einsicht und Heiligkeit seien, welche nichts zu lernen brauche und das Recht habe, die Wissenschaft und Moral der engherzigen Bourgeoisie zu verachten. Dieses Dogma, Trugbild oder Wahn, dieser sozialistische Unfehlbarkeitsglaube, den die Agitatoren aller Gattungen nicht aufgeben, obgleich ihnen das allgemeine Stimmrecht täglich beweist, dass die Arbeiter wenigstens mit ihrer Weisheit nicht übereinstimmen, ist der Grundstock aller ungesunden Agitationen.

## II.

### Ueber die neuen Formen der Arbeit und — des Müssiggangs.*)

Wenn eine neue und augenfällige Erscheinung in das gesellschaftliche Leben tritt, so kommt der Philosoph heran und sucht sie a priori zu begründen. Es hat dann den Anschein, als wäre besagte Erscheinung nur etwas zu früh ins Leben getreten, der Philosoph würde sie sonst schon zum Voraus signalisirt haben. Wir wissen seit Hegel, wie viel das zu bedeuten hat, und lassen uns nicht davon beirren. So wird beispielsweise gegenwärtig das Ueberhandnehmen der Aktiengesellschaften, im Volke auch Aktienschwindel genannt, mit dialektischen Fäden an die Kategorien der Geschichtsphilosophie angeknüpft. Die beliebte Drei- oder Vierfaltigkeit der Kategorien ist dabei leicht herzustellen. Von dem einfachen Geschäftsbetrieb durch die Kommanditgesellschaft zum Aktienunternehmen gliedert sich Alles vortrefflich. Dem Philosophen kommt es nicht darauf an, wenn dabei kleine Irrthümer mit unterlaufen. So will es z. B. dem Kenner der Thatsachen nicht einleuchten, wenn das Kommanditgeschäft als ein

---

*) Dieser Aufsatz bezweckte die Widerlegung eines (in der Nationalzeitung, November 1871) erschienenen Feuilletons, worin der geistreiche philosophische Schriftsteller Dr. Eduard von Hartmann nachzuweisen suchte, dass der allmälige Uebergang der Privat-Industrie an Aktiengesellschaften eine höhere Form des wirthschaftlichen Verkehrs anbahne und auch einen annähernden Schritt zur Lösung der sozialen Frage bedeute.

cäsarisches Institut des ersten französischen Kaiserthums dargestellt wird; er weiss vielmehr, dass dasselbe viel älteren Ursprungs ist und namentlich in England einheimisch war, wo die Form der Aktiengesellschaft bis auf die neueste Zeit mit Misstrauen aufgenommen wurde und möglichst eingeschränkt ward. Und zwar hängt dies gerade mit dem konstitutionellen Geist Englands zusammen; denn in dem Kommanditgeschäft ist die persönliche Verantwortlichkeit des Leiters und der aktiven Theilnehmer viel stärker ausgeprägt, als in der Aktiengesellschaft. Diese letztere trägt allerdings einen gewissen modernen Charakter falscher Demokratie an sich, indem sie auf einem allgemeinen Stimmrecht beruht, welches im Grunde doch nur täuschender Schein ist, und weder von persönlicher Verantwortlichkeit getragen, noch durch genaue Sachkenntniss unterstützt, noch durch ein starkes persönliches Interesse kontrollirt wird.

Wir verkennen nicht die wichtige Rolle des Spekulationshandels in dem grossen Organismus des modernen Weltverkehrs, und noch weniger die Berechtigung der verschiedenen, geschichtlich entwickelten Geschäftsformen. Wenn aber eine einzelne Form durch Ursachen, welche vielleicht ausserhalb ihres wahren Inhalts liegen, überhand nimmt und alle anderen Geschäftsgebiete überschwemmt, so mag das der Philosoph sub specie aeterni beschaulich unterbringen, der Volkswirth aber hat die ökonomischen und moralischen Folgen nachdenklich zu prüfen.

Mancher steht heut zu Tage, wenn er den Courszettel übersieht, unter dem Eindruck, als ob eine ungeheure Masse neuer Kapitalien dem Bankgeschäft und der eigentlichen Industrie zugeführt würde. Es fragt sich aber, ob dem wirklich so ist. In der Regel, d. h. mit Ausschluss sogenannter kalifornischer Zustände, oder wenn nicht gerade durch ein besonderes Ereigniss fremde Kapitalien in ein Land geleitet werden, in gewöhnlichen Zeitläuften also, sind alle bestehenden Kapitalien eines Landes veranlagt und bilden sich neue nur langsam durch Arbeit, so dass die neu entstehenden gewöhnlich zur Befruchtung und Erweiterung desselben Arbeitsfeldes verwendet werden, welchem sie entsprossen sind. Geschieht eine plötzliche oder gewaltsame Ableitung vieler Kapitalien von einem Arbeitsfelde nach dem andern, so leidet in der Regel nicht blos das erstere Arbeitsfeld darunter, sondern alle Verhältnisse kommen aus dem Gleichgewicht. Es würde sich beispielsweise auch an der Industrie rächen, wenn ihr mit Einem Schlage Kapitalien zugeführt würden, welche bis dahin zur Hebung der Landwirthschaft oder zur Mobilisirung des Grundbesitzes dienen mussten.

Wir sind deshalb weit entfernt, in die Jeremiaden der Kreuzzeitungs-Partei einzustimmen; im Gegensatz zu dieser, fürchten wir von dem schwindelhaften und unkontrollirbaren Ueberwuchern des Aktiengeschäfts mehr eine Minderung und Bedrängung des soliden Bürgerstandes, als eine Erschwerung derjenigen Besitzesformen, in welchen die Anhänger der Kreuzzeitung ihre Lebensstellungen organisirt haben.

Nehmen wir die Dinge, wie sie sind: Neue Kapitalien sind in's Land geflossen, Staat und Reich sind in der Lage, ihre Schulden abzutragen, das allgemeine Vertrauen ist erhöht. Dazu kommt noch, dass viele in- und ausländische Kunden, welche sich sonst an die französische Industrie zu wenden pflegten, nun an die Industrie anderer

Länder, und auch Deutschlands, ihre Anforderungen zu stellen beginnen. Der Unternehmungsbetrieb übereilt sich, aber wir sehen den Schwerpunkt seines Wirkens mehr auf die Seite des Geldvermittelungsgeschäfts, als auf die des soliden Schaffens fallen. Da werden zunächst immer neue Banken gegründet, Banken für Orte, an welchen naturgemäss gar kein Bankgeschäft blühen kann; dann Wechsler- und Maklerbanken; dann „Emissions"- und „Repräsentationsbanken". Von denselben Unternehmern werden jetzt neue Banken gegründet, welche ihren eigenen früheren Schöpfungen an denselben Orten Konkurrenz zu machen bestimmt sind. Das eigentliche solide alte Bankgeschäft kommt dabei gar nicht mehr in Betracht und leidet auch in den Händen der Privatpersonen unter dem Einfluss dieser neuen Wendung der Dinge. Jene zahlreichen Banken tragen ihren Namen nur noch zum Scheine; sie sind vielmehr Mittel- und Brennpunkte der verschiedenartigsten Spekulationen, der Ankäufe von Grund und Boden, von Häusern, Strassen, Zeitungen, Fabriken, Bergwerken und Eisenbahnen. Aber auch diese Gegenstände werden von ihnen nicht fach- und berufsgemäss verwaltet, sondern wieder in Aktienunternehmungen verwandelt. Dies ist das ganze Geheimniss der Sache. Manche Bank entsteht nur, um an der allgemeinen Beute Theil zu nehmen; dieselben Leute gründen drei bis vier Banken, um drei bis vier Mal bei den neuen Emissionen betheiligt zu sein. An dem eigentlichen Geschäft haben die Potentaten der Börsenmacht weiter kein Interesse; sie behalten die Aktien nicht länger, als bis ihr „Konsortium" das erste bedeutende Agio aus den Taschen des leichtgläubigen Publikums gezogen hat. Ja, ihnen bleibt noch die Chance, später gegen das Unternehmen, dessen Schwächen sie am besten kennen und in jedem Augenblick aufdecken können, mit Erfolg à la baisse zu spekuliren. Wir kennen hochgeachtete Börsenmänner, welche vor Ueberschätzung ihrer eigenen Unternehmungen vertraulich warnen. Dies Treiben wird so lange gehen, bis das Publikum durch eine schreckliche Krisis enttäuscht wird, eine Krisis, unter deren Folgen auch die ernsthafte Industrie leiden wird.

Wir sehen heute, dass die Besitzer von Fabriken sich massenhaft dazu drängen, ihre Geschäfte in die Aktienform umzumodeln. Ihr Hauptbestreben geht dabei zunächst darauf aus, ein Konsortium zu finden, welches das ganze Anwesen zu einer höheren Taxe übernimmt. Während bisher der solide Geschäftsmann bei jeder Jahresbilanz etwas von den Anlagekosten abzuschreiben und einen Reservefonds daraus zu bilden suchte, wird nun der Preis des Ganzen durch künstliche Mittel in die Höhe geschraubt. Dem Konsortium liegt wenig daran, den wahren Werth festzustellen; es hängt nur am goldenen Scheine, denn je mehr Aktien es unterbringen kann, desto grösser ist sein Agio-Gewinnst. Ist der Coup gelungen, so empfängt der Fabrikant eine Summe weit über sein bisheriges Vermögen hinaus und behält überdies noch einen beträchtlichen Antheil in Aktien. Während er also bisher mit seinem ganzen Vermögen und seiner ganzen geistigen Thätigkeit in seiner ihm wohl vertrauten Industrie wurzelte, hat er jetzt nur noch für ein Sechstel oder Siebentel seines Vermögens ein entferntes Interesse daran. Mit den übrigen sechs Siebenteln ist er vielleicht bei vielen andern Unternehmungen betheiligt, welche auf ähnliche Weise entstanden sind.

Es ist klar, dass bei diesem Entwickelungsprozess eine allgemeine Ueberschätzung und indirekte Verschleuderung des Volksvermögens stattfindet. An die Stelle des Eigenthümers, der bisher mit aller Sorgfalt die Rentabilität seines Gewerbes gehütet hat, treten nun büreaukratische Verwalter, glänzend bezahlt, mit genügenden technischen Kenntnissen ausgerüstet, aber von geringer Geschäftspraxis, denen es zunächst auf hohe Dividenden für die nächsten Jahre ankommt, nach deren Ablauf sie sich vielleicht als reiche Leute zurückziehen. Die ihnen etwa eingeräumte Tantième reicht auf die Länge nicht aus, sie für die solide Fortdauer des Geschäftes so stark zu interessiren, wie es die Fürsorge eines guten *paterfamilias* für den auf seine Kinder zu vererbenden Besitz thun würde. Alles wird hier in's Grosse getrieben, das Geschäft soll in's Unendliche ausgedehnt und überall hin verzweigt werden; dem Dampf des Ehrgeizes ist nicht das Sicherheitsventil der persönlichen Gefahr eingeschoben. Der Verwaltungsrath ist nur zu oft der Mitschuldige dieses maasslosen Treibens, und die Generalversammlung der Aktionäre übt, wie Jedermann weiss, nur eine lächerliche Scheinkontrolle aus. Wenn es erst so weit gekommen ist, dass einzelne Aktionäre sich zu einer selbständigen Kritik aufraffen, dann ist es sicherlich schon zu spät, um den Schaden gut machen, und auch dann noch werden diese Friedensstörer ohne grosse Umstände von angestifteten Scheinmajoritäten rasch unterdrückt. Siegt aber einmal ausnahmsweise die Opposition in einem solchen verzweifelten Falle, so erntet sie nur die grösste Verlegenheit. Da ist Niemand, an den sie sich halten kann, und sie selbst muss auf eigene Gefahr ein Chaos übernehmen, das Andere eingebrockt haben. Im Allgemeinen aber nimmt auch der Aktionär keinen ernsthaften Antheil an dem inneren Wesen des Geschäftes; er verlässt sich darauf, dass ihm immer noch Zeit bleibt, wenn er Unrath wittert, seine Aktien mit geringer Einbusse loszuschlagen, sich neuem Spiele zuzuwenden, und den schwereren Verlust auf fremde Schultern abzuladen, die man um so weniger berücksichtigt oder bemitleidet, da man sie nicht kennt. Die ganze Unsittlichkeit des öffentlich patentirten Spiels wird hier noch durch die Unpersönlichkeit der Beziehungen erhöht. Nirgends ist von persönlicher Verantwortung, nirgends von persönlicher Leistung die Rede. Der Müssiggang wird zur anerkannten Quelle des Erwerbes.

Schon nehmen die neuen Aktienunternehmungen offen das Gepräge von Spielgesellschaften an. So sehen wir zum Beispiel allgemeine Eisenbahnbaugesellschaften gründen, deren Aktionäre nicht einmal erfahren, für welche Linien ihre Theilnahme und ihr Geld verlangt werden. Und jener Hamburger Makler, welcher ganz einfach eine Aktiengesellschaft zum Zwecke eines völlig unkontrollirbaren Börsenspiels zu bilden versuchte, hat den Geist seiner Zeit am richtigsten verstanden. Wie können solche Geschäftsführungen durch Generalversammlungen beaufsichtigt werden! In den Rahmen der Statuten passt Alles und Jedes, und was die Versammlung der Aktionäre nachderhand erfährt, ist immer schon eine vollendete und unabänderliche Thatsache.

Bekannt ist die ungeheure Höhe der ersten Spesen („Gründungskosten") bei diesen Unternehmungen, an denen keiner der Mitwirkenden zu sparen ein Interesse hat; aber je kleiner das Aktienkapital ist, desto verderbenbringender sind schon im Keime die ersten Ausstattungsspesen. Wir wissen z. B. von einer Bierbrauerei auf Aktien, deren Veranschlagung auf höchstens eine halbe Million hinaufgeschwindelt werden konnte, und wo die erste *Mise en scène* schon ungefähr ein Fünftel dieser Summe verschlang. Angesehene Banquiers, bei denen die Zeichnungslisten ausgelegt wurden, und Börsenzeitungen, welche das Unternehmen zu empfehlen hatten, bildeten die Hauptbestandtheile dieses Postens.

Dies sind einige empirische Gesichtspunkte, welche darauf hindeuten sollen, wie der Geist der Arbeit und persönlichen Verpflichtung, der Wahrheit und Sittlichkeit über diesem Treiben zu Grunde geht. Wollten wir gar von den Einwirkungen einer feilen Zeitungspresse ein Bild entwerfen, wir würden für gallsüchtige Splitterrichter gelten, ohne doch im Geringsten übertrieben zu haben. Denn so stumpf ist schon das Gefühl der Meisten geworden, dass die handwerksmässige Verfälschung der öffentlichen Meinung in diesen Dingen kein Aufsehen mehr erregt. In der That ist auch dies nicht die giftigste Quelle der Entsittlichung, welche auf diesem Boden sprudelt; viel verderblicher ist die allgemeine Gewöhnung an Anschauungen und Erscheinungen, nach denen Wohlstand und Genuss die leicht gepflückten Früchte müssiggängerischen Spieltriebes sind, während die redliche Arbeit fast leer ausgeht und das ernste Talent zu Gunsten des blinden Glücks um seine Lorbeeren betrogen wird. Diese Anschauungen, diese Erscheinungen können nicht anders als verderblich auf die Sitten und den Geschmack der Zeit wirken; ja, auch auf den Geschmack der Zeit, — wir haben das an den herrschenden Klassen des letzten französischen Kaiserreichs gesehen, und wir sind gleichfalls in Gefahr, der sittenfälschenden Herrschaft einer wüsten Genusssucht und eines geschmacklosen Luxus zu verfallen. Nachdem unsere bürgerliche Gesellschaft sich kaum von den herrschenden Sitten und Traditionen der Geburtsaristokratie befreit hat, drohen ihre Sitten von einer frechen Plutokratie verdorben zu werden. Hier liegt theilweise auch die Ursache des Mangels an Idealität auf unserer Schaubühne und in unserer täglichen Unterhaltungs-Literatur.

Hoffentlich brauchen wir für keinen Leser erst ausdrücklich zu versichern, dass unsere Polemik gegen den überwuchernden Börsenschwindel, nicht aber gegen die für viele Fälle berechtigte Form des Aktienunternehmens gerichtet ist. Wenn aber einige Phantasten die Modethorheit so weit treiben, von der auf die ganze Industrie ausgedehnten Form des Aktiengeschäfts die Lösung der sozialen Frage zu erwarten, so beweisen sie damit nur, dass sie vom Sozialismus inniger durchdrungen sind, als sie selber ahnen; denn der Sozialismus ist eben das Gegentheil selbstverantwortlicher Arbeitsleistung und geht mit jenem Schwindelwesen, wo nur Der erntet, welcher nicht gesäet hat, vollkommen Hand in Hand.

Unsere Meinung kann selbstverständlich nicht sein, von der Gesetzgebung oder der Staatsgewalt die Abhülfe zu hoffen oder zu verlangen, welche den eben erwähnten Uebeln vorbeugen oder begegnen könnte. Das aufgeklärte Verständniss und der gesunde Sinn der Bürger allein können die Heilung herbeiführen. Allein die Arbeitskraft eines Volkes, einmal geschädigt, erholt sich erst nach längerer Zeit. Es wäre Schade, wenn sich die Legende von dem

Goldpallast, der über Nacht zum Aschenhaufen zerfiel, erst verwirklichen müsste, um einer von Erfolgen berauschten Generation wieder einzuschärfen, dass nur die ernsthafte und selbstbewusste Arbeit Werthe schafft, welche dauern und das gesammte Nationalvermögen erhöhen.

Wir stehen augenblicklich in einer Uebergangs-Periode: die neue Aktienfreiheit wird von den Geschäftsleuten missbraucht, wie die neue Coalitionsfreiheit von den Arbeitern, die noch nicht mit ihr umzugehen wissen. Diese beiden Missbräuche vertheuern das Leben und erschweren die reelle Produktion. Dennoch darf es sich nicht darum handeln, diese Freiheiten zu bekämpfen oder zu beschränken, sondern nur den richtigen Gebrauch derselben zu erlernen. Von den organisirten Arbeits-Einstellungen werden die Arbeitgeber schon zu eigenen und richtigen Organisationen geführt werden, ohne die Hülfe der Gesetzgebung, Justiz und Polizei in Anspruch zu nehmen. Was aber die Aktienfreiheit betrifft, so wird allerdings eine Revision der gesetzlichen Normativbedingungen an der Hand der Erfahrung vorbereitet werden müssen. Wir müssen lernen, mit der Freiheit auszukommen, ohne uns von deren Zerrbildern einschüchtern oder bedrängen zu lassen.

## III.

## Manchesterschule und Katheder-Sozialismus.

„Citius emergit ex errore veritas, quam ex confusione."
(Bacon).

Der leidige Gebrauch, mit gewissen Stichwörtern extremer Parteien gegnerische Ansichten zu kennzeichnen und zu verurtheilen, ist zum unleidlichen Missbrauche geworden. In gewisser Hinsicht bekennen wir selbst unsere Schuld: wir haben Jeden, der zur Lösung der sozialen Frage ein System der Staatshülfe beantragte, kurzweg einen Sozialisten genannt. Seitdem nun aber dieses System in den vornehmen Salons der hohen Theorie courfähig geworden und von ordentlichen Professoren unter ihres Reiches schützende Privilegien aufgenommen ist, sind wir bereit, jeden anderen Ausdruck zu acceptiren, den diese Herren in ihrer Empfindlichkeit etwa vorziehen sollten. Dagegen möchten auch wir höflichst ersucht haben, uns nicht bei jeder Gelegenheit, wo ein beliebiges büreaukratisches Rettungssystem uns nicht in den Kopf will, das Wort Manchesterschule an den Kopf zu werfen. Es kommt auf diese Stich- oder Schmähworte überhaupt gar wenig an, sondern darauf, die einzelnen praktischen Vorschläge genau und mit praktischem Sinn zu prüfen. Wer wäre ein so eingefleischter Manchestermann, dass er die Rettung der Gesellschaft ausschlüge, wenn dieselbe um den kleinen Bruch eines abstrakten Prinzips zu erkaufen wäre! Nicht darauf also kommt es an, sondern vielmehr darauf, dass die Anhänger der Freihandelsschule fast alle bisher gemachten Vorschläge der Gegenpartei für hohl, unpraktisch und gemeinschädlich erachten. Es ist nicht, wie die Gegner sich manchmal anstellen, ein Streit um die Grenzen der Staatsgewalt, sondern vielmehr eine Kontroverse über die Thunlichkeit oder Erspriesslichkeit ihrer Projekte. Dass das soziale Elend unter Umständen ein Nothrecht des Staates begründet, auch in die Sphäre des Privatrechts einzugreifen und zumal den Arbeitsvertrag seiner Kontrole zu unterwerfen, wird von uns ebenso wenig geleugnet, als die Erziehungsgewalt des Staates an seinen durch Jugend oder Unbildung unmündigen und willensunfreien Bürgern. Aber daraus folgt noch lange nicht, dass man jedem offenen oder versteckten agrarischen Gesetze zustimme. Und wenn man gewisse Beeinflussungen des Arbeitsvertrages für bedenklich erachtet, so geschieht das zunächst im Interesse der Arbeiter, nicht der Arbeitgeber.

Es bedarf wohl kaum einer ausdrücklichen Verwahrung, dass nur böser Wille oder Oberflächlichkeit die Freihandelsschule ohne Weiteres mit der Manchesterschule verwechseln könne. Den inneren Zusammenhang Beider leugnen wir nicht. Die wirthschaftliche Freiheitspartei hat in neuerer Zeit so glänzende Siege davongetragen und ist der letzten Erfüllung ihres Programms so nahe gekommen, dass den jüngeren Anhängern derselben wohl der Kopf schwindeln durfte. Aus diesem Rausch ist eine Doktrin entstanden, welche den Staat in eine Aktiengesellschaft verwandeln und seine grossen Aufgaben an den Mindestfordernden feilbieten möchte. Sie leugnet die sittliche Natur des Staats und betrachtet denselben nur als ein nothwendiges Uebel. Mit dieser Doktrin haben aber die echten Urenkel des grossen Moralphilosophen Adam Smith Nichts zu schaffen.

Dagegen ist es bei vielen Professoren der Volkswirthschaftslehre Mode geworden, auf die Grundlinien der Freihandelstheorie vornehm lüchelnd herabzusehen. Sie gehen dabei freilich von verschiedenen Gesichtspunkten aus. Professor Hermann Rösler zu Rostock, „Ueber die Grundlehren der von Adam Smith begründeten Volkswirthschafts-Theorie" (Erlangen 1871) errichtet für sie denselben Scheiterhaufen, auf welchem er den modernen Liberalismus verbrennen möchte. In seinen, übrigens sehr scharfsinnigen, Untersuchungen bekämpft er das Prinzip der individuellen Freiheit und verräth er die Sympathie, welche gegenwärtig einen Theil der Partei des grossen Grundbesitzes mit der Sozialistenpartei durch die gemeinsame Sehnsucht nach Staatshülfe verbindet. Sehen wir doch selbst in dem freien England die geheimen Beziehungen und Anknüpfungspunkte zwischen gewissen Hochtories und der radikalen Arbeiterpartei immer deutlicher hervortreten!

Ein Buch von tiefer eingreifender Bedeutung ist Gustav Schmoller's: „Zur Geschichte der deutschen Kleingewerbe im neunzehnten Jahrhundert" (Halle 1870). Seine gründliche Erkenntniss der Zustände des theilweise leidenden, theilweise untergehenden deutschen Handwerks verführt ihn, an den ausreichenden Wirkungen des Systems der freien Selbsthilfe zu verzweifeln. Nicht unrichtig schildert er eine Menschenklasse, welche dem aufstrebenden Fabrikbetrieb weichen und allmählich erliegen muss, als grösstentheils unfähig, sich selbst zu helfen und zu retten. Vielleicht hätte er in naher Perspektive den, auf diesem Felde vernichtenden, Fabrikbetrieb als andererseits selbst von der Papiergeldwirthschaft des allerneuesten Aktiensystems bedroht schildern können. Alle diese Zustände fordern in der That die höchste und sorgfältigste Aufmerksamkeit heraus. Wir sind keineswegs der Ansicht, dass der Staat hier müssig zuschauen dürfe und die Hände in den Schooss zu legen habe. Aber vor allen Dingen wird er, wie zahlreiche Erfahrungen belegen, wenn er das Uebel nicht allseitig verschlimmern will, die Sphäre der persönlichen Freiheit und des Eigenthums achten und seine Hülfsmittel mit diesen Grundprinzipien in Einklang zu bringen suchen müssen. Zuvörderst und hauptsächlich möchten wir daher die Forderung voranstellen, dass Diejenigen, welche sich mit der Materie ernsthaft beschäftigen und zu praktischen Reformvorschlägen berufen glauben, zunächst scharf unterscheiden, welche ihre Entwürfe auf dem Boden des bestehenden Rechtssystems ausführbar sind, und welche eine Veränderung dieser Rechtsgrundlagen des Staates und der Gesellschaft voraussetzen oder bedingen. Mit dem logischen Prozess, welcher diese Unterscheidung erfordert, wäre schon viel gewonnen. Gewöhnlich aber wird eine Reihe von Vorschlägen, solchen, welche auf Selbsthülfe, anderen, welche auf freiwillige gesellschaftliche Gemeinhülfe, dritten, welche auf Staatsunterstützung basiren, blind durcheinander gerüttelt und uns, wie Krieg oder Frieden in den Falten einer Toga, zum Annehmen oder Ablehnen vor die Augen gehalten. Selten ist ein einziger dieser Vorschläge für die Praxis gründlich geprüft und ausführlich durchgearbeitet worden. Es geht damit, wie mit dem *Perpetuum mobile* und anderen mechanischen Problemen, welche von hundert Erfindern schon beinahe gelöst worden sind. Aber es bleibt auch immer bei dem Beinahe; denn die Unmöglichkeit der Lösung beruht auf dem Uebersehen irgend eines widerstrebenden Grundprinzips. So scheint es mir mit allen Plänen von gewerblichen und ländlichen Produktiv-Assoziationen zu gehen, von Arbeiter-Kommanditgesellschaften, bis zu dem nagelneuesten Plane einer Umwandlung der Arbeiter in Actionäre, wofür vielmehr die Umwandlung der Aktionäre in Arbeiter zu empfehlen wäre. Schmoller erkennt die Wichtigkeit des freien Genossenschaftswesens wohl an und legt sogar den Schwerpunkt seiner Schlussbetrachtung in dasselbe; weil aber die Genossenschaft nicht überall Platz greifen kann, namentlich da nicht, wo die Mitglieder des Arbeiter- oder kleinen Handwerkerstandes nur dünn gesäet sind, so nimmt er auch auf diesem Gebiete eine äusserst problematische Staatshülfe in Anspruch. Als ob der Staat Genossenschaften schaffen könnte, wo es an Genossen fehlt! An solchen Kleinigkeiten scheitern oft die bestgemeinten Vorsätze. Was den leidenden Handwerkerstand betrifft, so ergeht gerade in Bezug auf ihn eine besonders starke Aufforderung an die pädagogischen Kräfte des Gemeinwesens. Daneben sind die Beschwerden über die Ungerechtigkeit des die niederen Klassen belastenden Steuersystems nicht stark genug zu betonen. Allein diese Postulate, welche von der entschieden liberalen Partei seit jeher mit der grössten Energie gestellt werden, kreuzen den natürlichen Lauf der bisherigen Staats-Entwickelung nicht, sondern fördern ihn zu seinen wahrhaft demokratischen und wahrhaft nationalen Zielen.

Es bedurfte für uns des, durch und in das neue deutsche Reich erhöhten Vertrauens nicht, um die sittlichen Aufgaben des Staates und die Anforderungen an dessen sittlichen Beruf mit der steigenden Kultur hoch und höher zu spannen. Aber gerade weil dem so ist, sollen die Functionen des Staates mit der Freiheit der Person und des Eigenthums in Einklang gebracht sein und bleiben. Die Unbedingtheit des Eigenthums ist uns allerdings kein religiöses Dogma; es ist völlig überflüssig, uns erst aus der Rechtsgeschichte beweisen zu wollen, dass auch dieser mächtige Rechtsbegriff nicht zu allen Zeiten dieselben Formen annahm. Vielmehr hat er erst allmählich die staatsrechtlichen Beziehungen abgestreift und seinen rein privatrechtlichen Charakter herausgebildet. Wir sehen in ihm das fruchtbarste Werkzeug der gesammten Güter-Erzeugung und folglich auch des nationalen Wohlstandes. Wer uns ein Besseres empfehlen will, möge den Beweis antreten!

Auch Professor Gustav Schönberg zu Freiburg im Breisgau hat in einer kürzlich erschienenen akademischen Rede (Berlin 1871, Guttentag) auf 43 Seiten das ganze System der Volkswirthschaft und Jurisprudenz einer einschneidenden Kritik unterworfen. Nachdem er ein wenig von Allem und Jedem gesprochen, kommt er auf die specielle Arbeiterfrage, wo wir aus den zahlreich und cursorisch zusammengestellten Reformgedanken aller Art einige herausgreifen können, die uns mehr oder weniger glücklich erdacht, mehr oder weniger interessant erscheinen. Zwar, dass er ohne nähere Begründung die Strikes, die englischen und deutschen Gewerkvereine und gewissermassen sogar die Internationale zu den wohlthätigen Erscheinungen zählt, bedürfte einer längeren Erwiderung, wenn wir diese Gegenstände nicht schon bei früheren Gelegenheiten mehrfach besprochen hätten. Wie leicht man es sich in der Regel mit solchen Dingen zu machen pflegt, erhellt z. B. daraus, dass Schönberg den Uebergang von der Tagelohnarbeit zur Stücklohn- oder Akkordarbeit ganz richtig als einen Fortschritt darstellt, während der ganze Organismus der englischen Gewerkvereine, welche doch den Augen des Redners angenehm und wohlgefällig sind, sich mit Entschiedenheit gegen diesen Uebergang und Fortschritt wenden und wehren. Einem Nationalökonomen, wie Professor Schönberg, konnte selbstverständlich nicht entgehen, dass die einseitigen Bestrebungen der Arbeiter nach Lohnerhöhungen und Lebenserleichterungen die Stellung der Industrie eines Landes in der Welt-Konkurrenz ernstlich gefährden können. Er preist deshalb die Internationale, welche dieselben Segnungen auf alle Länder gleichmässig vertheilt, und beantragt eine Ergänzung ihrer Thätigkeit von Staats wegen und durch die Diplomatie. Die Diplomatie, deren Aufgaben seit dem letzten Kriege so glücklich vereinfacht sind, soll eine neue Art von Handelsverträgen ins Leben rufen, welche die Stellung der Arbeiter über die ganze civilisirte Welt hinaus gleichmässig zu regeln bestimmt sind. Diese Vorstellung erinnert lebhaft an den naiven Vorschlag eines Toastredners auf dem diesjährigen Cobden-Feste zu London, die ganze Welt mit einem gleichmässigen Zolltarife zu beglücken. Schönberg hat merkwürdiger Weise in seiner Rede vergessen, wie verschieden die materiellen, geistigen und psychologischen Lebensbedingungen der arbeitenden Stände in den verschiedenen Ländern sind, wie selbst für die mehr oder weniger unentbehrlichen Lebensmittel und deren Preise keine gemeinschaftlichen Normen aufzustellen sind. Das Projekt einer Weltmünze ist von hausbackener Verständigkeit neben solchen Utopien.

Andere Anregungen Schönberg's dürfen wir beifälliger begrüssen. Zum Beispiel, was er über Steuerverhältnisse und über Frauenarbeit sagt. Dieses letztere Thema ist von reichhaltigem Inhalt und von weittragender Bedeutung. Leider wurde der fruchtbringenden Ausarbeitung desselben, wie so mancher andern philanthropischen Idee, durch die süsslich pietistische oder lächerlich ideologische Behandlungsweise von Seiten ihrer begeisterten Anhänger beim grossen Publikum vielfach geschadet. Nun ist aber die Frage von der zweckmässigen und naturentsprechenden Erweiterung des Erwerbskreises des weiblichen Geschlechts in mannigfacher Beziehung vom allerhöchsten menschlichen Interesse. Streng volkswirthschaftlich genommen, kann dadurch Zahl und Mass der nationalen Produktivkräfte dergestalt erhöht werden, dass — beiläufig gesagt, auch die Bewegung der Arbeitseinstellungen dadurch nur noch von untergeordnetem Einfluss sein und ihr jedenfalls mit der Zeit die Spitze abgebrochen würde. Bekanntlich haben die englischen Gewerkvereine deshalb stets auch der Frauenarbeit den erbittertsten Krieg erklärt.

Der eigentliche Zielpunkt aber, von welchem Schönberg's Rede auch den Titel trägt, ist der Vorschlag, sogenannte „Arbeitsämter" als eine Aufgabe des deutschen

Reiches hinzustellen. Mit diesem Vorschlag bekennt der Verfasser indirekt, dass „die Lösung der sozialen Frage" nach seinem Ermessen noch über die ersten Vorarbeiten nicht hinaus sei. Wohl weist er mit Fug und Recht auf die verdienstvollen Leistungen der britischen, belgischen und, er hätte auch sagen können, gewisser französischen Enquêtes hin, weil wir nicht sicher sind, ob ähnliche gründliche Untersuchungen in unserem lieben Vaterlande nicht unseren pharisäischen Stolz gewaltig erschüttern würden. Auch das englische Institut der Fabrik-Inspektoren müssten wir in diesem Sinne gelten lassen. Während aber Schönberg eine bureaukratische Organisation von mehr als 160 Aemtern mit vielen tausend Mitgliedern und sehr ausgedehnten Befugnissen verlangt, möchten wir seinen Antrag dahin amendiren, dass die freie Wissenschaft, an die offizielle Statistik anknüpfend und mit reichen Mitteln ausgestattet, mit dieser Aufgabe betraut werde.

## IV.
## Was bedeuten Realismus und Abstraction in der Volkswirthschaftslehre?

(Eine friedliche Auseinandersetzung mit Herrn Dr. L. Brentano.)

Mein harmloser Aufsatz über „Manchesterschule und Katheder-Sozialismus" (in der Berliner „National-Zeitung" vom 17. Decbr. 1871) hat wider Erwarten viel Perrückenstaub aufgewirbelt und sogar eine grosse Erbitterung erregt. Dass man auf dem Katheder, „wo man so völlig Recht zu haben meint", empfindlicher wird, als in dem Gewühl der Tagespresse oder des öffentlichen Lebens, lässt sich wohl begreifen. Ein junger Professor, der in dem Aufsatze genannt war, verbitterte den Ton der Discussion, indem er in ziemlich unparlamentarischer Form die literarische Kritik als einen persönlichen Angriff darzustellen suchte. Um so freundlicher gemahnt die anständige Form der Erwiderung des Herrn Dr. Brentano (in No. 9 des „Hamb. Corresp."), der sich allerdings mit frischem Eifer der vermeintlich angegriffenen Kaste, welcher er seit Kurzem angehört, annehmen zu müssen glaubt.

Herr Br. nimmt demnächst an dem Titel „Katheder-Sozialismus", Anstoss, indem er auch auf die Gefährlichkeit dieser Bezeichnung hinweist, welche, wenn nicht die Staatsanwälte, doch jedenfalls die Cultusminister in Bewegung und Angst versetzen könnte. Ich kann ihn versichern, dass weder die Staatsanwälte, noch die Cultusminister heuer so ängstlich sind. Die reaktionären Gewalten fürchten die Vertreter des bürgerlichen Liberalismus viel mehr, als die Baumeister sozialistischer Theorien, und sehen in Diesen sogar willkommene Bundesgenossen gegen Jene. Wenn seine Behauptung richtig ist, dass alle akademischen Dozenten zu derselben Fahne schwören, so hätten die Staatsanwälte gar zu viel zu thun und die Cultusminister bei Berufungen gar keine andere Wahl. Auch hat uns die Erfahrung gelehrt, dass man in ganz Deutschland weit lieber akademische Doctrinäre auf den Katheder ruft, welche vielleicht in der Theorie die ganze bestehende Rechtsordnung bestreiten, als Praktiker, welche die bürgerlichen Freiheiten in den gegebenen Tages-Interessen muthig vertreten.

Dass ich die Herren nicht darstellen wollte als Verschwörer, welche, „den Dolch im Gewande", umherschleichen, geht aus der Bezeichnung „Katheder-Sozialisten", wie aus der früher einmal von mir gebrauchten Bezeichnung „Süsswasser-Sozialisten" zur Genüge hervor. Nicht den Häschern des Dionys habe ich sie denunzirt, sondern vor das Forum des gesunden Menschenverstandes wollte ich sie citiren. Allerdings ist jeder Irrthum gefährlich, aber nicht im Sinne des Staatsanwalts; — und wenn man aus zarter Rücksicht auf die von Herrn Br. angedeutete Gefahr, dass den angegriffenen Gelehrten die Berufungen ausbleiben könnten, ihre Irrthümer nicht aufdecken sollte, so genössen dieselben ein höchst bedenkliches Katheder-Privilegium. Dass meine Bezeichnungen etwas Lächerliches andeuten sollen, kann ich ehrlicherweise nicht leugnen, was aber nicht verhindert, dass ich einem Gelehrten und Schriftsteller, wie Prof. Schmoller z. B., mit Freuden meine aufrichtige Hochachtung bezeuge. Eine Richtung, die man in einem bedeutenden Manne respectvoll bekämpft, nimmt in dem Tross der unbedeutenden Nachtreter eine ganz andere, oft komische Färbung an. Indessen können wir von Jedermann verlangen, dass er für seine Ansichten offen einstehe, ob dieselben nun gerade in der Bewegung der Tagesmeinungen gehässig oder verächtlich erscheinen mögen. So steht aber die Sache heutzutage gar nicht für die Katheder-Sozialisten. Unter der neuen Herrschaft des allgemeinen Stimmrechts sind die populären Stichwörter der Staatshülfe, der Bekämpfung einer herzlosen Bourgeoisie und einer ditto herzlosen Wissenschaft u. s. w. so erfolgreich und verführerisch, dass eher Muth dazu gehört, sie rücksichtslos in ihr Nichts aufzulösen. Ich brauche meinen geehrten Gegner nicht daran zu erinnern, dass es selbst eine Abart von Kreuzzeitungs-Sozialisten giebt und dass die Partisane des Staatsstreichs in der Conflictzeit auf Lassalle's Agitation grosse Hoffnungen setzten und ihn erst dann fallen liessen, als er sich unfähig erwies, die „Arbeiter-Bataillone" gegen den liberalen Bürgerstand aufzuwiegeln. Mein geehrter Gegner selbst bringt in seiner Apologie der Gewerkvereine Manches, was den Anhängern des Zunftwesens angenehm im rechten Ohre klingen mag. Was — eben unter der Herrschaft des allgemeinen Stimmrechts — besonders tadelnswerth erscheint, das ist ein gewisses gedankenloses Coquettiren mit den sozialistischen Stichwörtern, ein gewisses Umschmeicheln des Arbeiterstandes, als ob er die Elite der Menschheit wäre, als ob er eine auserwählte Stellung unter allen Klassen zu beanspruchen hätte, als ob er durch angeborne Weisheit und Tugend zur Herrschaft im Staate berufen wäre. Dieses gewaltsame Erwecken und Grosshätscheln eines exclusiven Klassenbewusstseins halte ich geradezu für reaktionär und auch für staatsfeindlich, ob es nun in böser Absicht, oder unbewusst und absichtslos, gleichsam nur aus theoretischer Spielerei, betrieben werde.

Ich habe mich hierüber vor einigen Monaten auf dem Volkswirthschaftlichen Congresse zu Lübeck ausgesprochen, und zwar als einer der Antragsteller für die Empfehlung gewerblicher Schiedsgerichte. Herr Brentano sieht also, dass man sich nicht zu den Feinden der Freihandelsschule zu zählen braucht, um die Mundella'schen Vorschläge zu billigen.

Wenn ich bei derselben Gelegenheit (zu Lübeck) gegen die Gewerkvereine eiferte, weil ich sie für gemeinschädlich halte, so habe ich damit keineswegs ihr juristisches Existenzrecht bestritten. Ihre Tendenz, ein bewaffnetes Arbeiterheer im Staate zu bilden, wird sich mit der Zeit dem Arbeiterstande selbst, namentlich den besseren, fleissigeren und tüchtigeren Mitgliedern desselben, als verderblich erweisen, wird wirksame Repressalien und vielleicht sogar eine reaktionäre Wendung in der Gesetzgebung veranlassen. Sie sind bei uns gefährlicher, als in England, wo sich die Arbeitervereine grundsätzlich von Politik fern halten. Allein sie haben die englische Industrie nach Thornton u. A. beträchtlich geschädigt, und auch der, von Herrn Brentano angeführte J. M. Ludlow, der übrigens ein reiner Parteischriftsteller ist, kann Das so wenig ganz ableugnen, als er die Sheffielder und andere Gräuel der Gewerkvereine nur als zufälliges Beiwerk darzustellen vermag. Aber es giebt viele schädliche Dinge, welche durch bessere Sitte und freiere Ueberzeugung beseitigt werden müssen, nicht durch die Strafjustiz. Die Anhänger der Freihandelsschule haben in Deutschland die wirthschaftliche Befreiung vorbereitet und dürfen sich des wesentlichsten Antheils an der darauf bezüglichen Gesetzgebung berühmen. Sie sind also auch die Urheber der Koalitionsfreiheit der Arbeiter, und sie bereuen es nicht, denn sie haben sich über die damit verknüpften Schwierigkeiten niemals getäuscht. Die Freiheit verlangt eben, dass man nicht die Hände in den Schooss lege, sondern fortwährend an der Selbstbefreiung seiner Mitbürger durch Thatkraft und Einsicht mitwirke; nur unter dieser Voraussicht bietet die Freiheit ihre Segnungen.

Bei dieser Gelegenheit sei mir eine kleine Abschweifung gestattet: Ein Berichterstatter des in Leipzig erscheinenden „Im neuen Reich" hatte meine Lübecker Polemik gegen die Gewerkvereine damit abzuschwächen gesucht, dass er behauptete, die volkswirthschaftlichen Congresse hätten sich Anfangs auch gegen Schulze-Delitzsch's Genossenschaftswesen ablehnend verhalten. Dagegen beweisen die stenographischen Berichte der ersten fünf Volkswirthschaftlichen Congresse (1858—1862), dass das Genossenschaftswesen, als es neu war und noch der Unterstützung bedurfte, nicht von der Tagesordnung dieser Congresse kam, dass Schulze-Delitzsch daselbst stets einen widerspruchslosen Anhang und begeisterte Aufnahme fand, dass der Druck seiner Berichte zuerst von hier aus befördert wurde.

Der deutschen Freihandelspartei, die sich in schwierigen und ungünstigen Zeitläuften constituirt hat und seitdem das Schlachtfeld nicht verliess, kann auch von ihren Gegnern das eminente Verdienst, die besseren Handelsverträge und die freiere Gesetzgebung vorbereitet und durchgesetzt zu haben, nicht abgestritten werden. Soll sie den Schauplatz verlassen, weil sie so Vieles erreicht hat, und ihren Gegnern das Feld räumen? Sie hat es freilich versäumt, die Katheder zu stürmen, und selbst die akademische Form in ihren Arbeiten oft vernachlässigt. Daher eine gewisse Reibung und Eifersüchtelei zwischen den beiden Lagern, welche dadurch verstärkt wird, dass die zu grosse Anzahl deutscher Universitäten auch manche Unberufenen auf den Lehrstuhl befördert, der für ein Menschenalter die Unsterblichkeit verbürgt. Beiläufig gesagt: wir haben zu viele Hochschulen, um nur gute Lehrer, zu viele Parlamente, um nur fähige Volksvertreter, zu viele Zeitungen, um eine mustergültige Presse zu haben.

Während die Sachen so stehen, wirft sich mit jugendlichem Kampfesmuth und Ungestüm Herr Dr. Brentano zwischen die Streitenden und sucht die Fahne zu ergreifen: „Hie Schwerdt Gottes und Gideon, Adam Smith gehört uns, wir besitzen die wahren Realitäten der Volkswirthschaftslehre!" — Gemach, Herr Doctor! Ihr Geschütz versagt. Wenn es nur darauf ankäme, nachzuweisen, dass Adam Smith unter dem Einfluss bestimmter Zeitströmungen und geschichtlicher Thatsachen gedacht und geschrieben hat, um daraus den Schlusssatz zu ziehen, dass er keine ewigen Wahrheiten verkündigt habe, so wäre kein Denker ersten Ranges vor Vernichtung sicher. Selbst an den abstraktesten Philosophen lässt sich ein innerer Zusammenhang mit den politischen oder sozialen Forderungen des Zeitgeistes ermitteln. Plato und Aristoteles hingen mit der Entwickelung des hellenischen Staatsgeistes zusammen, Spinoza konnte nicht vor der kirchlichen Reformation entstehen, Hegel musste nach der französischen Revolution kommen. Zur Blüthezeit des Zunftzwanges, und als dieser der ungereiften Produktivkraft noch unentbehrlich war, hätte Adam Smith allerdings seine Freiheitsgedanken nicht entwickelt. Unsere Zeit steht aber auf dem Boden, den er urbar machen half. Sollten wir uns den Boden unter den Füssen wegziehen lassen? Wir verschmähen die Errungenschaften der Philosophie des achtzehnten Jahrhunderts und der französischen Revolution nicht, obgleich wir seitdem weiter gekommen sind; wir wissen, dass wir auf ihnen fussen.

Ein wenig Philosophie kann auch in der Volkswirthschaftslehre nicht schaden, sonst würde es Herrn Dr. Brentano nicht begegnet sein, die Kategorien Abstrakt und Realistisch gegenüber zu stellen.

Sein Katheder-Nachbar, der Philosoph, möge ihn darüber belehren, dass man der Abstraktion das concrete Leben, dem Realismus aber den Idealismus entgegenstellt. Also sind wir die Idealisten? — Herr Brentano übersieht auch, dass Abstraktion und Theorie nicht ganz dasselbe sind. Es ist ungeheuer wohlfeil, Jeden, der an den Sieg theoretischer Ueberzeugungen und an die Herrschaft logischer Prinzipien glaubt, einen abstrakten Doctrinär und Prinzipienreiter zu schelten. Auf unserem Gebiete wird dieser Gemeinplatz noch durch einen andern unterstützt, welcher dahin lautet, dass die bisherige Volkswirthschaftslehre den Menschen nur als producirendes und consumirendes Wesen nehme, nicht „in der Fülle seiner Individualität".

Man könnte den ähnlichen Vorwurf auch gegen alle anderen Disziplinen erheben: wenn die Juristen in der Theorie oder in der Praxis eine Frage des Grundeigenthums behandeln, so betrachten sie den Menschen nur in seinen Beziehungen zu Grund und Boden, entweder im Allgemeinen als Ackerbauer oder Grundherrn, oder in Bezug auf ein besonderes Grundstück als Besitzer. Der übrige Mensch mit seinen Herzensangelegenheiten, seinen Leiden, Freuden und idealen Bestrebungen kümmert sie nicht. Wenn der Mediziner das Podogra oder den Magenkrebs behandelt, so denkt er weiter nicht an die psychologischen, geistigen, finanziellen Eigenschaften seines Subjekts.

Will man die Volkswirthschaftslehre mit der Moral, der Ethik und noch anderen Fächern in einen Sack werfen, so macht man nur Confusion. Adam Smith war Moralphilosoph, ehe er Oekonomist wurde; aber obgleich er sein Moralsystem auf die „Sympathie," gründete, standen die beiden Seiten seines Schaffens nicht im Widerspruch. Bastiat, den mein geehrter Gegner wohl auch zu den herzlosen Volkswirthen zählt, das bedeutendste Schriftsteller-Talent der Freihandelsschule, sagt am Ende seiner „Oekonomischen Harmonien" erhebende Worte über den Zusammenhang der gesunden Volkswirthschaft mit der sittlichen Heilsordnung des Staates, wie sie erhebender noch von keinem deutschen Lehrstuhle der Nationalökonomie erklungen sind.

Noch weniger, als den Gegensatz von Abstraktion und Realistik, können wir Herrn Brentano den Gegensatz von Staats- und Selbsthülfe ohne Weiteres hingehen lassen. Verlangt er unter allen Umständen Staatshülfe, so darf er am wenigsten gegen die Bezeichnung als Sozialist protestiren. Gestattet er aber die Staatshülfe nur da, wo die Selbsthülfe sich als nicht ausreichend bewährt und wo dennoch die Hülfe unumgänglich nöthig ist (was auch schon von Adam Smith ausgeführt wurde), — so wiederholt er gegen mich nur Das, was ich selbst schon gesagt habe. Da bleibt nur noch zu untersuchen, wann dieser Fall eintrifft und welche Art der Staatshülfe wirklich nützlich sein kann. Die Tendenz meines Aufsatzes bestand grade darin, die Herren Professoren von den allgemeinen Phrasen ab- und solchen Untersuchungen zuzuführen. Herrn Brentano persönlich möchte ich noch zu bedenken geben, ob ein Anhänger der Gewerkvereine eigentlich um Staatshülfe betteln darf. Wenigstens ist es ein komisches Bild, an der Spitze eines schlagfertigen Heeres die Hand nach Almosen auszustrecken. Die Häupter der Gewerkvereine verfolgen andere Ziele, als die Versöhnung der Gesellschaftsklassen; Viele unter ihnen leugnen nicht, dass sie eine gewisse Klassenfeindschaft für förderlich halten. Sie können also die Staatshülfe nur erwarten, wenn der Arbeiterstand zum Siege gelangt ist; dann aber ist die Frage der Staatshülfe eine überwundene, in einem sozialistischen Programm aufgelöste.

## V.

## Volkswirthschaftliche Verirrungen.

Die Sozialisten behaupten, dass die wissenschaftlichen Nationalökonomen kein Gefühl haben für die Leiden des Volkes, für die Noth der arbeitenden Klassen; die Wissenschaft, welche die Naturgesetze, das heisst: die logischen Bedingungen, des gesellschaftlich-wirthschaftlichen Verkehrs zu ermitteln trachte, sei herzlos. Sie machen die Erkenntniss gewisser Thatsachen für die Existenz dieser Thatsachen verantwortlich und verlangen nicht nur eine Umgestaltung der Thatsachen, sondern auch eine Umkehr der Wissenschaft.

„Verachte nur Vernunft und Wissenschaft,
Des Menschen allerhöchste Kraft",

so kommst du zu Marx und Bebel.

Die wissenschaftlichen Nationalökonomen, nämlich Die von der Schule der Handels- und Verkehrsfreiheit, betheuern, dass ihnen das Elend der arbeitenden Klassen ebenso warm am Herzen liege, als ihren Widersachern, dass sie nur nicht an die Heilkraft der sozialistischen Panazeen glauben. Das Recht der Selbsthülfe und die nöthige Bildung dazu, allgemeine und technische Volkserziehung, allgemeine Verkehrsfreiheit, Entfesselung aller gesunden Kräfte, gesicherte Rechts- und Friedenszustände, ein gerechteres Steuersystem, eine allgemeine Erhöhung des Kredits, eine nachhaltige Vermehrung des Kapitals,

Das und Aehnliches halten sie im Wesentlichen für die einzig wahren Heilmittel; die Staatshülfe gestatten sie nur in Ausnahmsfällen; abgesehen von dem wünschenswerthen Schutz der Gesetze für Leben, Gesundheit und Freiheit des Arbeiterstandes. Man kann nicht ohne Weiteres sagen, dass dieses System die Erfahrung für oder gegen sich habe; denn, so einfach es ist, hat es fast noch niemals zu einer reinen und konsequenten Durchführung gelangen können; wo es aber theilweise angewandt wurde, waren seine segensreichen Wirkungen alsbald erkennbar; und wo ein Gemeinwesen an Wohlstand und Freiheit wuchs, da geschah es im Verhältniss der allmählichen Ausführung dieses Programms. —

Die Gegner jedoch sagen, das Alles sei eitel Egoismus, es sei dabei nur abgesehen auf die Bereicherung der herrschenden Klassen. In der That aber empfiehlt sich nur dasjenige System als durchführbar, welches auf das wohlverstandene Interesse a l l e r Klassen gebaut ist und durch die hellere Einsicht jeglicher Gewerbsklasse in ihr eigenes Interesse zu fördern ist. Denn jedes andere System setzt entweder den inneren Krieg der Stände unter einander, den sogenannten „Klassenkampf" voraus, also eine fortwährende Zerstörung von Kräften und Werthen, oder ein freiwilliges Opfern von Seiten der Beglückteren, also Willkür auf der einen und Entmündigung auf der anderen Seite, also keinen gesicherten Rechtszustand.

Nun hat die Freihandelspartei in den neueren Gesetzgebungen Englands, Deutschlands und anderer civilisirter Länder fortwährend grosse Siege errungen und dabei eine Reihe von Gesetzen durchgeführt, welche keineswegs ein beschränktes Klassen-Interesse bekunden und namentlich auch direkt den Arbeitern zu Gute kommen. Den sozialistischen Agitatoren ist aber damit nicht gedient; sie verdoppeln ihre Anstrengungen zur Bethörung und Beherrschung des Arbeiterstandes und bedienen sich dazu auch gewisser Rechte und Freiheiten, welche erst die freihändlerische Gesetzgebung den Arbeitern eingeräumt hat. Kampf und Reibung erzeugen Gegensätze, und so ist nicht zu leugnen, dass innerhalb der Freihandelsschule sich eine äusserste Fraktion befindet, welche die Grundsätze des *laissez-faire* in abstrakt einseitiger Weise formulirt und den konkreten Bedürfnissen wenig Rechnung trägt, und die man in Deutschland mit einer historischen Ungenauigkeit als „Manchesterschule" bezeichnet. — Der Widerspruch gegen diese sowohl, als ein gewisser, deutschen Gelehrten leicht anhaftender Paradoxismus hat nun den Sozialisten eine allerdings zweifelhafte, aber doch verwerthbare Bundesgenossenschaft in mehreren, meist jüngeren Universitätslehrern verschafft, welche ich vor einiger Zeit, um das Verhältniss kurz zu markiren, die „Kathedersozialisten" genannt habe. Ich meinte es nicht schlimm damit und dachte am wenigsten daran, die sehr ungefährlichen Herren etwa in den Leipziger Communistenprozess zu verwickeln. Empfindlich, wie nun einmal deutsche Professoren sind, und von jener Beamtenängstlichkeit enger akademischer Verhältnisse, haben Einige der Betroffenen sehr heftig reklamirt: der Streit wurde aus der „Berliner Nationalzeitung" in den „Hamburgischen Correspondenten" hinübergespielt, ungefähr wie die Hunnenschlacht, auf der Erde beendigt, in den Lüften fortgesetzt ward, und soeben bemerke ich, dass die Geister der Erschlagenen sich noch einmal in der amtlichen „Zeitschrift des königlich preussischen statistischen Bureaus" (dessen Schüler oder Anhänger meine Gegner sind) regen. Besagter Aufsatz der statistischen Zeitschrift heisst „Abstrakte und realistische Volkswirthe"; es versteht sich von selbst, dass die Herren sich für die Realisten erklären und uns für die abstrakten Doktrinäre. Seitdem aber ist mir eine kleine Schrift in die Hände gefallen, welche mich vielleicht eines Theiles der Polemik überhoben hätte, weil sie im Wesentlichen Alles enthält, was ich an den Gegnern auszusetzen habe, und weil mein zweiter Widersacher (der im „Hamburgischen Correspondenten") daraus Vieles unmittelbar geschöpft zu haben scheint, während der erste (der in der „Berliner Nationalzeitung" besprochene) jedenfalls einen seiner wichtigsten Vorschläge in auffälliger Weise mit ihm gemein hat.

Ich meine die „Rede über die soziale Frage. Gehalten auf der freien kirchlichen Versammlung evangelischer Männer in der k. Garnisonkirche zu Berlin am 12. Oktober 1871 von Dr. Adolph Wagner, ordentlichem Professor der Staatswissenschaften an der Universität zu Berlin." (Separatabdruck aus den „Verhandlungen der kirchlichen Oktoberversammlung in Berlin". Berlin 1872, Verlag von Wiegandt und Grieben.) Die evangelischen Männer mögen etwas erstaunt gewesen sein, das Lob Lassalle's und Karl Marx' in ihrer Mitte erklingen zu hören. Indessen ward ihnen die Pille versüsst. Die grossen Sozialisten seien, so heisst es, allerdings in der Kritik der bestehenden Zustände sehr respektabel gewesen, nur die Konstruktion der neuen Welt sei ihnen nicht gelungen. (Auch Herrn Professor Wagner nicht! Da liegt ja eben der Hase im Pfeffer, dass man eine neue Welt nicht auf dem Papiere construiren kann.) Warum Herr Professor Wagner sich, statt an wissenschaftliche Fachgenossen oder an das politisirende Publikum, an die evangelischen Männer wendet, erklärt sich vielleicht aus dem Bestreben, die Wissenschaft zu christianisiren. Denn „Sittlich" und „Christlich" sei ja gleichbedeutend. Die Wissenschaft der Nationalökonomie müsse wieder (?) einen „ethischen" Charakter annehmen, um die soziale Frage zu lösen.

Die „soziale Frage" und ihre zahlreichen Lösungen erinnern mich manchmal an die vielen Weltfriedensprojekte der früheren Völkerrechtswissenschaft, welche gewöhnlich auf den guten Willen aller Machthabenden, niemals auf den inneren Zusammenhang der Dinge gebaut waren. Vor einigen Jahrzehnten sprach man in der Nationalökonomie von „Pauperismus", „Massenarmuth" und „Proletariat"; das Alles war noch ziemlich scharf zu formuliren. Dann wurde die allgemeine „Arbeiterfrage" daraus, in welcher die politische Agitation die ökonomischen Gesichtspunkte verwirrte; in der grossen „sozialen Frage" aber liegen sittliche, christliche, politische und volkswirthschaftliche Momente, nebst einigen Zweigbeziehungen auf Frauenemanzipation, neue Religionen, Abschaffung der alten u. s. w., wie Kraut und Rüben durcheinander. Es ist eben die grosse Seeschlange.

Da unser Verfasser zu evangelischen Männern spricht, so betont er zunächst die sittlichen („und deshalb christlichen") Pflichten, „welche Vermögen, Bildung und gesellschaftliche Stellung in der sozialen Frage auferlegen". Ich bin weit entfernt, solche Pflichten zu bestreiten, aber sie gehören in die Moral und weder in die Jurisprudenz, noch in die Nationalökonomie. Es gelingt Herrn Wagner keineswegs, den „volkswirthschaftlichen Standpunkt" hierfür wissenschaftlich zu begründen. Und wir verlangen für das Wohl der arbeitenden Klassen bessere Garantien, als den guten Willen und die „christliche" Gesinnung der höheren Stände.

Professor Wagner missbilligt selbstverständlich „die wahnwitzigen Beschlüsse eines Baseler internationalen Arbeiterkongresses über die einfache Abschaffung des privaten Grundeigenthums und Erbrechts"; allein das Wörtchen „einfach" steht hier nicht absichtslos da, denn er selbst theilt die sozialistischen Bedenken, „dass der Eigenthumsbegriff zu absolut ausgebildet" sei. Er möchte der freien Verwaltung und Verwerthung des Grundeigenthums Schranken ziehen, welche freilich nicht den alten feudalen Beschränkungen gleichen sollen. Welcher Art seine „Schranken" wären, ist mir nicht klar geworden, und sicherlich ihm selber auch nicht. Denn jede denkbare Einschränkung des freien Grundeigenthums müsste nothwendig zu einer Art von Feudalrecht zurückführen, oder zu einer büreaukratischen Bevormundung im chinesischen Stil.

Bei dieser Gelegenheit giebt man uns zu verstehen, dass der gelehrte Professor den Gedanken der „Staatseinmischung in Privatrechtsverhältnisse" (S. 11) nicht von sich weist. Ueber die Theorie der „Staatshülfe" sind wir seit Louis Blanc und Lassalle ziemlich unterrichtet; wenigstens insofern, als wir wissen, was damit gemeint, was unter diesem Aushängeschild verkündigt und verlangt wird. Die Forderungen wurden nach und nach so bestimmt formulirt, dass man die Absurditäten nachweisen konnte, zu welchen jeder derartige Versuch führen müsste. Dass eine Veränderung des bestehenden Rechtssystems, in Bezug auf Eigenthum, Obligationenrecht, Erbrecht und Ehe, von Sozialisten und Kommunisten geplant wird, ist uns auch nicht unbekannt geblieben. Was aber dazwischen „die Staatseinmischung in Privatrechtsverhältnisse" soll, das müssen wir der Phantasie der Leser überlassen. Eine gesetzliche Einmischung, wie sie schon jetzt die ganze Civil- und Polizei-Gesetzgebung enthält, kann doch nicht damit gemeint sein. Oder sollte damit nur die Einführung und weitere Ausbildung derjenigen „Fabrikgesetze" angedeutet werden, für welche England das Musterland ist, so bedurfte es auch der grossen Worte nicht. —

Auf S. 12 der „Rede" finden wir folgenden Satz:

„Die Geschichte beweist, dass die rechtzeitige und genügende Erfüllung berechtigter Forderungen der unteren Klassen oft genug das einzige Mittel ist, um Krisen zu vermeiden, unter welchen Alle am meisten leiden." — Offenbar wollte der gelehrte Verfasser sagen: „unter welchen Alle gleichmässig leiden". Das wäre nicht gerade wahr, aber es wäre doch richtiges Deutsch; was aber nicht sprachlich richtig ist, birgt sicherlich auch eine schiefe Auffassung. Zwar sind wir ziemlich einverstanden mit der Idee der Steuerreform, welche Wagner hier anknüpft. Bedenklicher schon ist mir der Theil seiner Begründung, welcher ohne Weiteres davon ausgeht, dass „die Vermögensungleichheiten und die Klassengegensätze in unserem heutigen Wirthschaftssystem die Tendenz haben, sich zu vergrössern." — Diese auf gewisse, vielleicht schlecht beobachtete Phänomene basirte Behauptung ist schon zum Gemeinplatze geworden; noch aber wäre der statistische und historische Beweis dafür nachzuliefern. Was namentlich die Klassengegensätze und Bildungs-Unterschiede betrifft, so wird kein Historiker mir widersprechen, dass dieselben sich im Laufe der Jahrhunderte stets gemildert und ausgeglichen haben. Auch die Vermögensunterschiede waren in den Zeiten der Leibeigenschaft und des gebundenen Eigenthums gewiss nicht geringer, als heute. Was den oberflächlichen Beobachter täuscht, ist das kompakte Auftreten des beweglichen und produktiven Kapitals der Neuzeit.

Immerhin sind die Unterschiede gross genug, um unser Aller thätigsten Eifer anzuspornen, um namentlich die Aufgaben und Leistungen des elementaren und gewerblichen Schulwesens einer zeitgemäss erneuten Prüfung zu unterzeichnen. Es bedarf hierzu gar keiner Uebertreibungen. So wenig, wie in diesen, möchten wir Herrn Wagner in seiner Bemäkelung der modernen Sozial-Gesetzgebung (auf S. 16) folgen. Er bezweifelt, ob die unbeschränkte Freizügigkeit und Verehelichungsfreiheit zu den segensreichen Neuerungen gehören. Der grosse Arbeiterfreund will seinen Schützlingen also die ersten Menschenrechte verkümmert wissen. Er sieht nicht, dass gerade die neueste volkswirthschaftliche Entwicklung es erst ermöglicht hat, diese Menschenrechte zu allgemeiner Geltung und Verwirklichung zu bringen.

Herr Prof. Wagner ist voll Anerkennung für das Gewerkvereinswesen und findet selbst „einen unbestreitbar vorhandenen gesunden Kern" in der grossen Bewegung der internationalen Arbeiterassociation. Um diese Ansicht zu begründen, führt er einen Gedanken aus, dessen Bestreitung mein erster Gegner (Herr Prof. Schönberg) mir gewaltig übel nahm. Wagner und Schönberg nämlich geben zu, dass die Bewegung der Arbeiter für höhere Lohnsätze die Konkurrenzfähigkeit eines Landes ernsthaft zu schädigen im Stande sei. Damit nun der Schaden abgewendet werde, der ja auch die Arbeiter treffen muss, will Herr Wagner zunächst „die Räthlichkeit von Schutzzöllen unter Umständen" gelten lassen; sein Hauptvorschlag aber geht auf „internationale Verträge", um „eine gewisse Gleichmässigkeit der Arbeiterzustände, der Lohnverhältnisse und der Fabrikgesetzgebung in allen Industrieländern" zu erzielen. — Die Logik der Internationalen gefällt mir besser, als die des Herrn Prof. Dr. Adolph Wagner. Die Internationalen organisiren sich, um überall das Gleiche zu erzwingen; das lässt sich jedenfalls denken. Der Professor aber will Staatsverträge hierfür, ohne sich irgendwie auszumalen, in wessen Interesse die Ausführung derselben gelegt sei. Soll die Diplomatie der Internationalen zu Hülfe kommen? — Handelsverträge haben immer irgend eine schutzzöllnerische Bedeutung oder Bedingung; bei absolutem Freihandel wären sie überflüssig, und die Freihandelspartei verwirft sie auch, wenigstens im Prinzip. Das schutzzöllnerisch gesonderte Staatsinteresse aber wird sich wenig beeilen, des Nachbarstaates Industrie zu retten. Auch abgesehen davon, die Regierungen, wie die Arbeitgeber, werden sich eher vereinigen, der Internationalen entgegenzutreten, als ihr beizuspringen und ihr Programm auszuführen. Doch selbst den guten Willen der Regierungen vorausgesetzt, — nehmen wir an, Wagner und Konsorten wären Minister des Handels und der Auswärtigen Angelegenheiten, — wie sollen sich, bei der Verschiedenheit des Geldwerthes und der Lebensmittel-Preise, der nationalen Arbeitskräfte und der industriellen Entwicklung, verschiedene Länder über denselben Arbeitslohn verständigen?! Eine englische Arbeiterstunde ist vielleicht dreimal mehr werth, als eine italienische oder gar eine spanische. Dem englischen Arbeiter stehen andere Werkzeuge zu Gebote, andere Maschinen zur Seite, als dem französischen. Er hat ganz andere Nahrungsmittel, andere Gewohnheiten und Bedürfnisse, als der deutsche Arbeiter. Dort ist vielleicht eine Neunstunden-Bill ausführbar, bei uns vielleicht **noch** nicht die Zehnstunden-Bill.

Und wenn wirklich einmal ein solcher Vertrag zu Stande käme, wer verbürgt die treue Einhaltung desselben? — Etwa ein internationaler Fabrikinspektor — und natürlich auch ein permanentes zwischenstaatliches Schiedsgericht? Ach, Herr Professor, welche Stümperei! Lassen Sie doch lieber die Marx und Bebel allein operiren! —

In einem späteren Theil seiner Schrift wendet sich Herr Wagner den selbständigen Produktivgenossenschaften zu. Zwar hält er die von Lassalle geforderte Staatsunterstützung für „schwer ausführbar", — im Prinzip also für gerechtfertigt, — ohne einzusehen, dass sie die Auflösung der Staatsfinanzen, sowie der ganzen Privatindustrie unfehlbar nach sich ziehen würde. Aber er schlägt jedenfalls vor, dass „der Staat in seinen Gewerksanstalten (Berg- und Hüttenwerken) und Domänen Versuche mit solchen Unternehmungen anstelle, die gewiss weiterhin als Muster dienen würden."

Von hier an wird der geehrte Verfasser immer konjekturaler, immer problematischer. Der ganze Staat wird ihm zum sozialistischen Versuchsfeld. So beantragt er auch Versuche in den Staatsgewerksanstalten mit dem Tantièmen-System der sogenannten Industrial-Partnership, — vermuthlich ohne etwaiges Risico für die Arbeiter-Antheile, — um dieses System später „vielleicht zwangsweise durch die Gesetzgebung zu verallgemeinern". Daneben einen „Normalarbeitstag, d. h. eine tägliche Maximalstundenzahl von 12, dort von 10, dort sogar von 9 oder 8 Stunden". Herr Wagner findet keines dieser Verlangen „so übertrieben". Misslicher freilich erscheint ihm „die staatliche Festsetzung der Lohnhöhe", aber auch nur misslich.

Er verlangt wiederum „internationale Verträge" für die humanen Prinzipien einer schützenden Fabrikgesetzgebung, obgleich er selbst einige Seiten vorher indirekt zugegeben hatte, dass der Normalarbeitstag in den verschiedenen Ländern verschieden sein mag. Manchmal ist Herr Wagner auch bescheiden, z. B. wenn er sagt: „Fraglich ist mir noch der eine Punkt, ob es unbedingt nothwendig und zweckmässig ist, den Arbeiter stets, womöglich, zum Hauseigenthümer zu machen". Klingt das nicht, wie ein Satz aus der berühmten Predigt „über den Nutzen der menschlichen Glückseligkeit." Sollte es nach Herrn Wagner vielleicht nicht „stets möglich", aber doch „unbedingt nothwendig" sein, den Arbeiter zum Hauseigenthümer zu machen, so wäre es doch vielleicht „zweckmässig", wenn auch zunächst nicht „zwangsweise durch die Gesetzgebung", dafür zu sorgen, dass wenigstens jeder Arbeiter im ersten Stockwerk wohnen und einiges Gartenland zur Verfügung haben müsse. —

Herr Wagner kann sich nicht über Missdeutungen beschweren, wir haben überall seine eigenen Worte citirt. Herr Wagner ist der offizielle Vertreter der Wissenschaft, er ist als ordentlicher Professor auf den Lehrstuhl der Staatswissenschaften an der Berliner Universität berufen worden. Es lohnte also wohl der Mühe, ein paar Schritte weit seine Fussstapfen zu verfolgen, die freilich — im Sande verlaufen.

# VI.

## Die Wohnungsnoth und der Kommunismus.

In seiner, an meine Adresse gerichteten, Schmähschrift sagt Herr Professor Dr. Wagner über die Wohnungsfrage wörtlich Folgendes:

„Der Uebergang des städtischen Grundeigenthums in die Hände geriebener Spekulanten, die ihre „wohlverdienten" Börsengewinnste auf diese Weise sicher stellen, oder die das Hauseigenthum wechseln, wie den Werthpapierbesitz, und durch die Daumenschraube der Miethprellerei raubartige Einkommensübertragungen der nicht-grundbesitzenden auf die grundbesitzenden Klassen erpressen, — dieser Uebergang liefert allerdings gefährlichere Argumente zu Gunsten der These der Sozialdemokratie, als Alles, was die letztere in allen ihren Congressen zusammengenommen vorgebracht hat. Der Monopolcharakter des Grundeigenthums tritt da zu deutlich und, Dank der sittlichen und Bildungsqualität vieler der betreffenden Besitzer, auch zu schamlos hervor. Die Ricardo'sche Grundrententheorie aber, die Ihre Partei gern zu dem veralteten Gerümpel der Lehrbücher rechnet, feiert ihre Triumphe. Dieser Uebergang des städtischen Grundeigenthums an Spekulanten und Wucherer Shylock'schen Schlages vollzieht sich in Wien, Berlin und anderen Hauptstädten immer mehr und führt uns in Zustände hinein, aus welchen die „Kommune" erwächst. Die gewiss nothwendige Ausbildung der städtischen Kommunicationsmittel und der Ausbau der Städte nach der Peripherie zu liefern doch nur sehr theilweise Abhülfe. Dauern diese Zustände an, so wird allerdings die tiefstgreifende Reform des Eigenthums nicht ausbleiben können, vielleicht selbst der Uebergang des Grundeigenthums der Grossstädte an die Gemeinde oder den Staat. Dann wird es freilich vielleicht ohne „Bevormundung" nicht abgehen, wenn es auch keine „im chinesischen Stil", wie Sie meinen, sondern nur eine im echt germanischen Stil zu sein braucht. Aber immer noch besser selbst diese, als die Helotenabhängigkeit der grossen Masse der Bevölkerung von „Privathausherren" oben genannter Art."

Ich habe die ganze Stelle, welche die einzige sachliche Bemerkung unter den langen Schimpfreden ist, unverkürzt hierhergesetzt und nur die auffallendste Aeusserung darin unterstrichen. Professor Wagner kann also mit dem besten Willen nicht behaupten, dass ich hier seine Ideen aus dem Zusammenhang reisse; — während ich doch gerade umgekehrt bei ihm einen Zusammenhang suchte, wo ein solcher nicht zu finden war.

Sehen wir uns zunächst die von mir unterstrichenen Worte etwas näher an, so fällt der hypothetische Charakter derselben auf. Der Verfasser statuirt nicht etwa, dass diese ungesunden Zustände nothwendige Folgen unseres ganzen ökonomischen Systemes seien, sondern er bedroht gleichsam die geriebenen Spekulanten und die Wucherer Shylock'schen Schlages mit einer „tiefstgreifenden Reform" des Eigenthums. „Dauern diese Zustände fort," — aber er scheint nicht gewiss zu wissen, ob sie fortdauern werden. Wenn sie es aber doch thun, dann wehe! Die tiefstgreifende Reform des Eigenthums! Wehe den Eigenthümern! Was Herr W. an ihnen am schärfsten missbilligt, scheint, nach den ersten Worten zu schliessen, die Veräusserungsfreiheit zu sein. Er meint, dass das Grundeigenthum durch den Uebergang in andere oder in gewisse andere Hände an sich schon im Preise steige; — während es vielmehr die Besitzer wechselt, weil es im Preise steigt.

Worin soll nun seine „tiefstgreifende Reform des Eigenthums" bestehen? Denn, in der That, eine solche gesetzgeberische Reform wäre kein Kinderspiel. Herr Wagner sagt nicht, worin sie bestehen soll; aber da er einen Klimax gebraucht, dessen zweites Glied in den

Kommunismus fällt, so wird das erste Glied weniger als der Kommunismus sein müssen, und wir tappen darüber im Dunkeln. Das zweite Glied des Klimax — also etwa die schwerere Strafe, wenn die geriebenen Spekulanten und die Wucherer Shylock'schen Schlages sich nach der ersten Verwarnung noch nicht gebessert haben sollten, — heisst: „Vielleicht selbst der Uebergang des Grundeigenthums der Grossstädte an die Gemeinde oder den Staat."

Ich ersuche den geneigten Leser, das erste Wort dieses Satztheiles einer besonderen Beachtung zu würdigen. Dieses wiederholte „vielleicht" rechne ich mir zur ganz besonderen Ehre; es ist mit dem bewussten oder unbewussten Hinblick auf meine Wenigkeit geschrieben, um den Satz, falls ich ihn persiffliren sollte, halb und halb abstreiten zu können. „Vielleicht", „gewissermassen" u. dgl. m., von solchen Nebenwörtern, die ein klarer Kopf nur zögernd anwendet, hat Herr Wagner einen Verbrauch, von welchem sich der ehrliche Sanders Nichts träumen lässt. Und zwar das bei Vorstellungen, die so riesengross sind, dass man ohne eine tiefe und feste Ueberzeugung nicht daran rühren dürfte. „Vielleicht" also „der Uebergang des grossstädtischen Grundeigenthums an — die Gemeinde oder den Staat". Der Kommunal-Kommunismus und der politische Kommunismus wären, wenn man sich einmal mit solchen Phantastereien abgeben mag, nach Grundanlage, Rechtsprinzipien und ökonomischen Folgen so himmelweit verschieden, dass man von unserem Berliner Professor wenigstens verlangen könnte, er habe sich für den einen oder den anderen entschieden. Wenn Herr Wagner zu seinen Studenten sagte:

„Meine Herren, die Zukunft gehört dem Kommunismus, wenigstens in Bezug auf das städtische Grundeigenthum, das ist meine feste Ueberzeugung;" — wenn er ihnen dann entweder einen kleinrussischen Communal-Kommunismus oder eine grossartige Expropriation durch den Staat vorzeichnete, so wäre das klar, ehrlich und offen gesprochen. Aber mit seinem „vielleicht" und seinen Dilemmen kann er seine Studenten nur auf die Höhe seiner eigenen Konfusion erheben, sie zu „Vielleicht-Kommunisten" machen und so einen höheren Grad des Katheder-Sozialismus an ihnen ausbilden.

Die Zustände, welche Herr Professor Wagner schildert, sind höchst unerfreulich. Ob sie aber derartige sind, dass daraus die Pariser „Kommune" erwachsen müsse (wie er sagt), halte ich doch für sehr zweifelhaft. Wenn es dem Arbeiterstand nicht mehr möglich ist, in den Hauptstädten Unterkunft zu finden, so kann er darin keine „Kommunen" bilden. Als in Paris die Kommune entstand, war seit dreiviertel Jahren keine Miethe eingetrieben worden. Und wenn von einer andren, competenteren Seite ausgesprochen ward, die grauenvollen Erscheinungen des Pariser Aufstandes hingen mit den dortigen Wohnungs- und Mieths-Verhältnissen zusammen, so war damit eben die sozialistische Behandlung derselben gemeint. — Früher klagten sorgsame Volkswirthe in Frankreich häufig über die Entvölkerung des flachen Landes und über das massenhafte Zuströmen der Arbeitskräfte nach den Städten. Auch in Deutschland hört man jetzt aus einzelnen ackerbautreibenden Provinzen Klagen über Entvölkerung. Dagegen wären ja die hohen Miethspreise in den Städten eher ein Präservativ, ein Sicherheitsventil oder ein Schutzzoll, wie man will. Ich möchte damit nur konstatiren, dass sie den Arbeiterstand am Wenigsten treffen, dessen höherer Wohnungspreis nach kurzer Uebergangsfrist stets im Arbeitslohn enthalten sein wird.

Allerdings wird es immer fraglicher, ob Städte, wie Berlin, Fabrikstädte bleiben können. Wenn es jetzt schon vorkommt, dass manche Fabrik nicht so viel Ertrag liefert, als der Zinsertrag des Kapitals sein würde, welches der Eigenthümer für das Terrain lösen kann, wenn er die Fabrik niederreisst, — so ist damit gezeigt, dass solche Hauptstädte und Mittelpunkte sich eben so wenig zu Industriesitzen eignen, als in ihrer nächsten Nähe die Landwirthschaft sich halten kann. Unter dieser Umwandlung würde aber zunächst das grosse Kapital am meisten leiden. Entfernt sich nun allmählich die grosse Industrie aus den Hauptstädten, so wird der Steigerung der Miethspreise Einhalt geschehen, und der Mittelstand kann wieder aufathmen.

Professor Wagner spricht aber von diesen Verhältnissen in einer Weise, als ob die Erhöhung des Grundwerthes auf ein perfides Manöver gewisser Spekulanten zurückzuführen wäre. Glaubt er im Ernst, dass die Spekulation auf die Länge den Werth und Marktpreis der Waare verschieben kann? Ich glaube es nicht und halte die hohen Boden- und Miethspreise in Berlin nicht schon um deswillen für ungerechtfertigt oder gewissermassen gefälscht, weil sie dem Einzelnen unbequem sind und momentan sogar einen Nothstand erzeugen. Berlin ist in der That sehr rasch gewachsen, und die Bauspekulation, welche in der Regel den derartigen Nothständen eher vorbeugt, als sie verschlimmert, konnte nicht ihre Schuldigkeit dabei thun, früher wegen Kapitalmangels, weil nämlich „die geriebenen Spekulanten und Shylocks" sich noch nicht genug auf die Bauspekulation warfen, später wegen der ewigen Arbeitseinstellungen und der damit zusammenhängenden Vertheuerung auch des Baumaterials. Wenn es wirklich erwiesen wäre, dass die Privatindustrie ohnmächtig ist, die Individuen unter Fach und Dach zu bringen, so müsste der Staat sich unbedingt der Wohnungsfrage bemächtigen, wie er die Post, die Telegraphie u. a. m. zu seinen Verwaltungsgegenständen zählt. Allein der Staat könnte auf diesem Gebiete nur stümpern. Nehmen wir z. B. einen Augenblick an, die Berliner Gemeinde ginge, sei es im Auftrage des Staates, sei es kraft eigenen, gesetzlich eingeräumten Rechtes, auf die Vorschläge des Professor Wagner ein und zöge das städtische Grundeigenthum ein. Wir hoffen, dass Professor Wagner nicht an eine Konfiscation ohne Entschädigung denkt; sonst müsste er ja alle Hauseigenthümer und Hypothekengläubiger in das Armenhaus verweisen. Die Stadt wird also sich selbst expropriiren und den depossedirten Hausbesitzern etwa Grundrentenscheine anweisen. In welchem Betrage? nach welchem Preis und Cours? Wenn sie ehrlich und gerecht sein will, muss sie den heutigen Marktpreis annehmen. Dann aber wird es ihr, um die Zinsen des Kapitals herauszuschlagen, schwer fallen, die gegenwärtigen Miethspreise herabzusetzen, — was doch der Zweck der Expropriation sein soll. Heutzutage werden in Berlin Häuser zu solchen Preisen gekauft, dass selbst bei erhöhten Miethsrenten kaum vier Prozent abfallen. Wie sonderbar wäre es, nebenbei gesagt, wenn die Stadt auf der einen Seite eine Miethssteuer von z. B. 6$^1/_2$ pCt. erhöbe, und auf der andern Seite dem Miether etwa $^1/_8$

des Preises, also 20 pCt. und darüber, schenken sollte! Und nach welchen Massstäben soll die Miethe umgelegt werden? Jede Preisminderung würde Monopolien schaffen, und die Stadtbehörden hätten, nach persönlicher Gunst oder Verdienst, die Miether auszuwählen, ungefähr wie man in den Ländern des Tabaksmonopols die Tabaksdebitanten ernennt. Es gehörte dann eine eigene Jurisprudenz und Polizei dazu, um Aftermiethen zu verhindern. Ich werde z. B. jetzt von einem „Privathausherrn" (wie ihn Wagner nennt) um 200 Thaler gesteigert. Warum? Weil derselbe weiss, dass Herr N. N. oder Herr P. P. gerne die 200 Thaler mehr für meine Wohnung geben würde. Die Stadt aber, welche jetzt expropriirt, lässt sie mir zu dem bisherigen Preise. Wie kann und will sie mich verhindern, dass ich selbst das Geschäft mache und Herrn N. N. oder P. P. für 200 Thlr. mehr in meine Wohnung lasse? Die Stadt müsste, um dergleichen zu verhindern, gleich auch den Zuwachs der Bevölkerung verbieten, oder gar sich die Leute aussuchen, welche sie für würdig hält, in der Stadt zu wohnen, und dann auch die Verantwortlichkeit dafür übernehmen, dass gerade so viele Wohnungen da seien, wie Familien und Einzelmiether. Damit wäre freilich die Freizügigkeit unverträglich, und die „echt germanische Bevormundung" des Herrn Wagner würde uns mit einigen Dutzenden der schlimmsten Hinkeldeys beschenken, welche tausendmal ärger wären, als alle bisherigen „Privathausherren".

Vielleicht würden aber die Anhänger dieses Kommunismus es mit der Freizügigkeit an sich schon nicht genau nehmen, da in letzter Zeit selbst aus pseudo-liberalem

Lager harte Anklagen gegen sie gehäuft wurden und ihr besonders die Unsicherheit in den Strassen Berlins zur Last gelegt ward. Allein genau betrachtet, besass Berlin auch früher schon durch die polizeiliche und gewerbliche Praxis einen hohen Grad von Freizügigkeit; denn das Einzugsgeld und ähnliche Einrichtungen hielten grade die Mitglieder der sogenannten „gefährlichen" Klassen von dem Aufenthalt in der Hauptstadt nicht ab. Die Mängel unserer Polizeiverwaltung sind mit der Freizügigkeit nicht in Verbindung zu bringen, da selbst eine Stadt, wie London, mit einer Bevölkerung von mehr als drei Millionen Seelen und einer althergebrachten, völlig unbegrenzten Freizügigkeit, sich einer ausgezeichneten Sicherheitspolizei erfreut.

Doch zurück zu unserem Kommunisten. Soll seine Aufhebung des städtischen Privatgrundeigenthums nur an Berlin oder auch an anderen Städten verübt werden, und an welchen, an wie grossen? Wo ist die Grenze? Soll in Fabrikstädten die Kommune oder der Staat dem Fabrikherrn das nöthige Terrain einräumen? Und wenn das Privatgrundeigenthum erst ganz abgeschafft ist, wie soll dann der Staat oder die Gemeinde den Preis des Terrains berechnen? — „Vielleicht" hat Herr Wagner an dies Alles nicht gedacht; desto schlimmer für ihn und seine Zuhörer!

Wäre es denkbar, dass ein Gemeinwesen einmal auf die von ihm vorgezeichnete Bahn einlenkte, so wäre die unausbleibliche Folge (nur Herr Wagner könnte sich hierüber täuschen), dass das Maximum der ersten französischen Revolution zur allgemeinen Rechtsinstitution würde. Man würde wahrlich nicht bei den Miethspreisen stehen bleiben. Das Volk, gerade derjenige Theil desselben, welcher bei den Miethspreisen am wenigsten interessirt ist, wird die Anwendung des Prinzips auf alle Lebensmittel fordern, und mit solchem Recht und solchem Nachdruck, dass es unwiderstehlich wäre. Wer die Miethspreise regulirt, muss auch die Brod- und Fleischpreise fixiren. „Vielleicht", ja wahrscheinlich hat Herr Wagner auch hieran nicht gedacht. Wie immer bei den Jeremiaden der Kommunisten und Sozialisten, ist etwas Wahres an der Klage, nichts Richtiges aber an den Besserungsvorschlägen. In der That muss man zugeben, dass der städtische Grundbesitzer von allen Leistungen des Gemeinwesens, welche das Lebens-Niveau der Stadt erhöhen, eine Vermehrung seines Besitzwerthes mühelos empfängt. Diese Thatsache wäre ein ausreichender Grund, um die Lasten der Gemeinden auf seine Schultern zu wälzen, da er davon den Hauptvortheil hat. Wenn aber, wie in Berlin, aus der Miethssteuer die Ausgaben bestritten werden, welche die Stadt verschönern, sie bequemer, anziehender machen, so besticht ja der Miether aus seiner Tasche förmlich den Miethsherrn zur Erhöhung des Miethslohnes. Der Hausherr lässt sich das nicht zweimal sagen: er erhöht ja auch den Wohnungspreis um die Zinsen des Werthes der vom Miether selbst angelegten Verbesserungen (und darüber). Dieses Missverhältniss findet bei uns im Grossen statt, wie im Kleinen, von Gemeinde- und Staatswegen, wie im einzelnen Haushalt. Mit einer durchgreifenden Steuerreform wäre jedenfalls der Anfang zu machen, um die hochfluthenden Ansprüche der modernen Grundherren einzudämmen. Aber nicht damit, dass man das Kind mit dem Bade verschüttet und das Grundeigenthum aufhebt, weil die Miethe in Berlin schwer zu erschwingen ist.

## VII.

## Professor Dr. Adolph Wagner in Berlin und der „Neue Sozial-Demokrat" daselbst.

(Auch ein „offener Brief" an den Redakteur des „Hannoverschen Courier".)

Von Karl Braun-Wiesbaden.

Sie haben bereits das Pamphlet des Prof. Dr. Adolf Wagner wider den Dr. Oppenheim in dem „Hannoverschen Courier" erwähnt. Das Gebahren des Professors ist ein so seltsames und, wie man glücklicher Weise im Interesse der Gesittung und Bildung hinzufügen kann, heutzutage in Deutschland so seltenes, dass Sie mir vielleicht erlauben, noch einmal mit einigen Worten darauf zurückzukommen.

Professor Wagner hat vor einer confessionellen Versammlung, welche im Oktober v. J. in einer Berliner Kirche tagte und welche der Berliner — ob mit Recht oder mit Unrecht, darüber erlaube ich mir, in Ermangelung näherer Sachkenntniss auf diesem Gebiete, kein Urtheil — schlechtweg die „Muckerversammlung" nannte, eine „Rede über die soziale Frage" gehalten.

Wenn es schon von Haus aus ein kühnes Unterfangen ist, in einer einstündigen Rede die „soziale Frage" zu lösen, vorausgesetzt dass es eine „soziale Frage" an sich giebt, worüber wohl auch noch zu streiten wäre, so hat Herr Wagner sich seine Aufgabe ausserdem noch schwieriger gemacht dadurch, dass er Alles und noch Einiges in die Frage hineinzog. Er hätte seine „Rede" auch überschreiben können: „Ueber das menschliche Leben im Allgemeinen", oder „Wie befinden wir uns?" oder „Was Ihr wollt" u. dgl. m. Dieser Art der Auffassung der „Frage" vollkommen entsprechend ist denn auch die Art der Antwort. Die letztere erinnert mich lebhaft an einen süddeutschen Republikaner von 1848. Er sass jeden Abend bei seinem Schoppen „Eppelwei" (Apfelwein), schlug mit der Faust auf den Tisch, der glücklicher Weise massiv war, und schrie: „Dunnerwetter, 's muss annèrrrst werrre!" (Donnerwetter, es muss anders werden.) Wie es werden sollte, das behandelte er als Amtsgeheimniss. Er erlaubte sich darüber nur mysteriöse Andeutungen, welche nicht hinauskamen über blosse Geberden und über unartikulirte Töne, die mit dem Grunzen eine entfernte Aehnlichkeit hatten. Trotz dieser, bei einem „Allerentschiedensten" und „Allerlinksten" doppelt bewunderswerthen, diplomatischen Vorsicht und Zurückhaltung steckte man im Jahre 1850 den biederen Apfelweintrinker ein wegen seines seltsamen Verhaltens. Es war das ein Ausfluss des damals grassirenden reaktionären Blödsinns. Und ich erkläre hiermit feierlich: Wenn man dem Professor Wagner wegen seines sogenannten „Katheder-Sozialismus", der einige Aehnlichkeit hat mit einem Süsswasser-Haifisch, auch nur ein Haar krümmte, so würde ich mit derselben Entschiedenheit für ihn eintreten, wie damals für jenen dunkeln Reformator von Achtundvierzig, dem ich als Defensor Freisprechung erwirkte.

Allerdings muss ich, trotz aller Hochachtung für meinen damaligen Klienten, gestehen, dass Herr Adolf Wagner ihn an Mannigfaltigkeit des Ausdrucks weit hinter sich lässt. An „*copia verborum*", sagt der alte Cicero. Herr Wagner nämlich führt uns alle wirthschaftlichen Einrichtungen und rechtlichen Institutionen, auf welchen das Zusammenleben und der Organismus der gegenwärtigen bürgerlichen Gesellschaft in Europa beruht, der Reihe nach vor und lässt keine derselben ganz ungeschoren. Er giebt unter den mannigfaltigsten Wendungen zu verstehen, das Alles tauge, im Grunde genommen, sehr wenig, und wenn man ihm freie Hand liesse, er würde es anders und besser machen. Das ist nun soweit recht gut, und jedenfalls schärft es die Aufmerksamkeit der Zuhörer. Hat ja doch schon Peter Joseph Proudhon, der berühmte Urheber des Ausspruchs, dass Eigenthum Diebstahl sei („*La propriété, c'est le vol!*"), eingestanden, er habe es damit so schlimm nicht gemeint, sondern eigentlich nur das Ohr ein wenig kitzeln wollen („*seulement pour frapper l'oreille*"). Ohnehin ist ja Nichts vollkommen hier unter dem wechselnden Monde; und

— „Alles, was besteht
Ist werth, dass es zu Grunde geht."

Wir haben daher gegen die Kritik, namentlich wenn sie wissenschaftlich ist, was wir indessen von der Wagner'schen Rede weder behaupten noch verlangen können, — denn er sprach ja zu einem eigenthümlichen Publikum und jeder Redner muss, das hat auch schon Cicero gesagt, sich nach seinem Publikum richten, — also gegen die Kritik haben wir nichts einzuwenden. Desto begieriger waren wir auf positive Reformvorschläge. Allein wir wurden in unseren Erwartungen bitter getäuscht und können in der That den Eindruck der grossen „Rede über die soziale Frage" nicht besser bezeichnen, als mit der vulgären Redensart: „Vorn getrommelt und hinten keine Soldaten". Die Münsterländer haben eigentlich noch einen treffenderen Ausdruck. Er lautet:

— „Viel Geschrei und wenig Wolle", sagte der Bauer, als er das Schwein schor. —

Aber ich nehme billig Anstand, so grobe westfälische Bauernwitze anzuwenden auf den Inhaber eines Berliner Lehrstuhls, welcher Lehrstuhl, wie uns Herr Wagner, unter Berufung auf Herrn von Treischke's Autorität, versichert, „der Lohn einer langen, ruhmreichen wissenschaftlichen Laufbahn zu sein pflegt". Wir fügen hinzu: Es allerdings in der Regel auch ist und jedenfalls immer sein sollte.

Alle Reformvorschläge des Herrn A. Wagner laufen auf längst bekannte sozialistische Quacksalbereien oder kommunistische Gewaltakte und Staatsstreiche hinaus. Ich gebrauche ausdrücklich und wohlbedacht die Worte: „Sie laufen darauf hinaus". Wenn sie nämlich die Hälfte dieser verhängnissvollen Laufbahn, oder mehr, zurückgelegt haben, dann wirft ihnen ihr herzloser Vater einen Knüppel zwischen die Beine, dass sie wieder umkehren oder sich seitwärts in die Büsche schlagen müssen. Jedem sozialistischen oder kommunistischen Satze, den er aufstellt, fügt Herr Wagner eine Sauvegarde bei, welche ihn wieder vollständig zahm und brav macht. Jede Behauptung ist ein wuthschnaubender Büffel. Aber jeder dieser Büffel hat einen Ring in der Nase, und daran kann ihn selbst ein kleines Kind in den Stall führen.

Diese Nasenringe heissen etwa so:

— „Vielleicht."

— „Unter Umständen."
— „Freilich muss ich hinzufügen."
— „Das sind allerdings gefährliche und schwer zu widerlegende Argumente für den Sozialismus."
— „Dauern diese Zustände fort, dann wird der Sozialismus unvermeidlich."
— „Vielleicht selbst der Uebergang des persönlichen Grundeigenthums auf die Gemeinde oder an den Staat."
— „Freilich nur vielleicht, — nur unter Umständen, — aber — wenn." —
— „Als ganz unzweifelhaft wollen wir Das grade nicht hinstellen."
— „Aber auch nicht als ganz verwerflich" — es bedarf und verdient eine Prüfung — denn — die Manchester-Männer — und wir, die neue Schule — Jene Zeitungsmenschen — Wir, die neue Schule, behaftet mit dem Katheder-Monopol, Erbbeständer aller officiellen Weisheit — u. s. w.

„Mir wird von Alledem so dumm,
Als ging' mir ein Mühlrad im Kopf herum!"

Ich lese mit Vergnügen Karl Marx, Ferdinand Lassalle, J. B. von Schweizer und den Berliner „Sozialdemokraten"; sie sprechen ohne Umschweife. Man weiss, von welchen Voraussetzungen sie ausgehen und welchem Ziele sie zustreben; man kann ihnen eine gewisse Kraft der Logik nicht absprechen. Bei Professor Wagner ist das anders. Er nimmt Alles in Angriff, ohne irgend Etwas zu erledigen. Er macht hundert Andeutungen von Abänderungen, Reformen und Revolutionen, ohne irgend eine zu präcisiren. Er zieht Alles in Zweifel, ohne Etwas dagegen zu stellen. Er hängt jeder wirthschaftlichen Institution eine Anklage an den Hals, ohne über irgend eine ein endgültiges und rechtskräftiges Erkenntniss zu sprechen, weder ein verurtheilendes, noch ein freisprechendes. Man kann nicht sagen, dass er ein Volkswirth, noch dass er ein Sozialist sei. Er ist eben „die neue Schule".

Unter diesen Umständen darf er es uns nicht übel nehmen, wenn wir, das Publikum, unsere wirthschaftliche Verfassung von ihm nicht umstossen lassen wollen, so lange er nicht ganz deutlich sagt, was er an deren Stelle zu setzen gedenke, und nachweist, dass dies Neue besser sei, als das Alte; das Vertrösten auf die zukünftigen Systeme der neuen Schule kann uns nicht genügen. Es geht uns, wie Heinrich Heine. Als die neue Dichterschule der „Plateniden" fortwährend neue Kunstwerke der Zukunft, Odysseen, Iliaden u. s. w. ankündigte, ohne sie jemals vom Stapel zu lassen, antwortete ihnen Heine:

— „Eine grosse That in Worten
Die Du einst zu thun gedenkst, —
Oh, ich kenne diese Sorten
Geistiger Schuldenmacher längst.

Wahre Prinzen aus Genieland,
Zahlen baar, was sie verzehrt.
Schiller, Göthe, Lessing, Wieland,
Haben nie Kredit begehrt;

Wollten keine Ovationen
Von dem Publikum auf Pump,
Keine Vorschuss-Lorbeerkronen,
Rühmten sich nicht keck und plump."

Wenn Herr Wagner seine Rede drucken liess, so musste er auf Kritik gefasst sein. „Wer da bauet an der

Strassen, muss sich viel gefallen lassen", heisst es im Sprüchwort. So erschien denn in der Lindau'schen Wochenschrift: „Die Gegenwart", eine Kritik von H. B. Oppenheim unter der Ueberschrift „Volkswirthschaftliche Verirrungen". Ich werde hier keine Kritik dieser Kritik schreiben. Wenn man Herrn Oppenheim einen Vorwurf machen kann, so ist es der, dass er von der Voraussetzung auszugehen scheint, jeder Satz der „Rede über die soziale Frage" müsse einen gewissen, positiven und unzweifelhaften Inhalt haben, und dass er von diesem Standpunkte aus die Behauptungen Wagner's auffasst. Er übersieht zuweilen die Nasenringe, deren ich oben gedachte, und adressirt sich nur au den sozialistischen Büffel. Dies hat denn Herrn Wagner veranlasst, seinen „offenen Brief an Herrn H. B. Oppenheim" zu publiciren. Dieses Schriftchen ist 29 Seiten lang und besteht aus Schimpfworten, mit welchen nicht nur Herr Oppenheim, sondern auch eine ganze Anzahl anderer deutscher Volkswirthe, die noch weit weniger Herrn Wagner irgend etwas zu Leide gethan haben, übergossen werden. Herr Wagner weiss dabei sehr wohl, was er thut. Er sagt im Eingang (S. 4): „Ich lasse mich mit Ihnen (Oppenheim) in keine weitere sachliche Erörterung über die soziale oder andere Fragen ein", — und entschuldigt sich am Ende: „Ich bin unwillkürlich schon zu weit in die sachlichen Erörterungen hineingekommen." Er will also lediglich persönlich sein. Seine Hauptanklage besteht darin, man habe seine Aeusserungen missverstanden, oder, wie es in seinem urbanen Styl heisst: „gefälscht". Die konservativen und die radikalen Blätter dagegen verstünden ihn richtig, behauptet er. Nun, greifen wir denn einmal zu einem radikalen Blatte. Der „Neue Sozial-Demokrat" vom 26. April enthält unter dem Titel: „Ein Professor auf dem Rückzuge", folgenden Aufsatz:

„Unsern Parteigenossen wird es wohl noch erinnerlich sein, dass, als im Frühjahr des Jahres 1869 unsere Partei sich zuerst im südlichen Baden ausbreitete, in Freiburg den Mitgliedern des Allgemeinen deutschen Arbeiter-Vereins ein Professor der Nationalökonomie, Dr. Wagner, entgegentrat, welcher vom Standpunkte der Bourgeoisökonomie aus die „Irrlehren" Lassalle's bekämpfte und so grossen Eindruck machte, dass die betreffende Volksversammlung mit 500 gegen 20 Stimmen sich zu Gunsten des Lassalle'schen Prinzips aussprach.

„Der Herr Professor ist gegenwärtig an der Berliner Universität angestellt und hat zugleich in nationalökonomischer Beziehung eine Schwenkung nach der sozial-konservativen Seite hin gemacht. Er fungirte auf dem Berliner „Muckerkongress" als Referent und wurde auch zu den „geheimen Konferenzen", die im letzten Winter im preussischen Handelsministerium mit den Anführern der Fortschrittler gepflogen wurden, hinzugezogen."

„Ueber die Ansichten des Herrn Professor Wagner in Bezug auf die soziale Frage können wir gleichwohl jetzt kein bestimmtes Urtheil abgeben, da er es liebt, selbst bei den einfachsten nationalökonomischen Fragen, wie z. B. „ehernes Lohngesetz", „Normalarbeitstag", „Productivassociationen mit Staatshülfe" u. s. w. seine Aussprüche mit so viel „vielleicht", „wenn" und „aber", „könnte", „möchte" etc. zu verzieren, dass man nicht weiss, was man davon halten soll. Zum Ueberfluss hat derselbe auch einen Bourgeoisökonomen, Herrn Oppenheim, welcher ohne Rücksicht auf diese Verklausulirungen gegen den Herrn Professor polemisirte, dermassen sofort der „Verdrehung" und „Fälschung" beschuldigt, dass es scheint, als wolle er seine sozialen Lehrsätze absichtlich in einen dichten Nebel hüllen.

„Aber trotz alledem werden wir aus einer Broschüre des Professor Wagner gegen Herrn Oppenheim eine Stelle entnehmen, da dieselbe höchst charakteristisch ist für das Durchdringen der sozial-demokratischen Wahrheiten und klar beweist, dass unser Professor noch fortwährend auf dem Rückzug vor der Sozial-Demokratie begriffen ist.

„Professor Wagner hat nämlich vor etwa zwei Jahren eine sehr hochtrabend gehaltene Broschüre geschrieben, worin er die sozialistische Forderung: den Grund und Boden zum Gemeingut zu machen, auf's Heftigste angreift und prophezeit, dass, wenn dies Prinzip zum Durchbruch gelange, sämmtliche Kultur zu Grunde gehen werde. Die Gründe, auf welche der Verfasser sich stützt, sind so hohl, dass jeder Kleinbauer, Knecht oder Tagelöhner über sie lachen würde. Denn unser Professor stellt sich die Bewirthschaftung des gemeinsamen Ackerlandes so vor, wie es etwa die afrikanischen Negerstämme oder die russischen Bauern zu machen pflegen. Und doch ist so leicht einzusehen, dass, wenn die Landarbeiter, in Produktivassociationen organisirt, den Boden bebauen und dabei durch Staatshülfe in den Stand gesetzt werden, Ackerbaumaschinen, guten Viehstand, Entwässerungs- und Berieselungsanlagen, bessere Wege u. s. w. sich zu verschaffen, sie einen ausserordentlich hohen Ertrag erzielen müssen, den sie weder mit Kornwucherern, noch mit Rittergutsbesitzern zu theilen haben.

„Interessant ist es nun, zu finden, dass der Professor Wagner in Betreff des Grund-Eigenthums anderer Meinung zu werden beginnt. Zwar ist er noch immer gegen gemeinsamen Ackerboden, dagegen spricht er sich — natürlich steht wieder ein „vielleicht" dabei — mit derben Seitenhieben gegen die Spekulanten, für Gemeinsamkeit des städtischen Grund und Bodens aus.

„In seiner Polemik gegen Herrn Oppenheim schreibt er nämlich mit Bezugnahme auf seine frühere Schrift:

„„Freilich sage ich Ihnen gleich offen, dass meine dortigen Erörterungen vornehmlich zu Gunsten des ländlichen Grundeigenthums galten und im städtischen, vor Allem im grossstädtischen Grund- und Hauseigenthum, die Frage mannigfach anders liegt.

Der Uebergang des städtischen Grundeigenthums in die Häude getriebener Spekulanten, die ihre „wohlverdienten" Börsengewinnste sicher stellen, oder die das Haupteigenthum wechseln, wie den Werthpapierbesitz, und durch die Daumschraube der Miethprellerei raubartige Einkommensübertragungen der nicht-grundbesitzenden auf die grundbesitzenden Klassen erpressen, — dieser Uebergang liefert allerdings gefährlichere Argumente zu Gunsten der These der Sozial-Demokratie, als Alles, was die letztere in allen ihren Kongressen zusammengenommen vorgebracht hat. Der Monopolcharakter des Grundeigenthums tritt da zu deutlich und Dank der sittlichen und Bildungsqualität vieler der betreffenden Besitzer auch zu schamlos hervor. Die Ricardo'sche Grundrententheorie aber, die Ihre Partei gern zu dem veralteten Gerümpel der Lehrbücher rechnet, feiert ihre Triumphe. Dieser Uebergang des städtischen Grundeigenthums an Spekulanten und Wucherer Shylock'schen Schlages vollzieht sich in Wien, Berlin und anderen Hauptstädten immer mehr und führt uns in Zustände hinein, aus welchen die „Kommune" erwächst. Die gewiss nothwendige Ausbildung der städtischen Kommunikationsmittel und der Ausbau der Städte nach der Peripherie zu liefern doch nur sehr theilweise Abhülfe. Dauern diese Zustände an, so wird allerdings die tiefstgreifende Reform des Eigenthums nicht ausbleiben können, vielleicht selbst der Uebergang des Grundeigenthums der Grossstädte an die Gemeinde oder den Staat.""

„So der Herr Professor Wagner.

„In der That, es ist schon eine ganz hübsche Schwenkung, wenn Jemand, der noch vor drei Jahren gegen die Lassalle'schen „Irrlehren" ankämpfte und den gemeinsamen Grundbesitz für etwas „Kulturfeindliches" hielt, jetzt gegen „Daumschrauben der Miethsprellerei", „raubartige Einkommensübertragungen", „Spekulanten und Wucherer Shylock'schen Schlages" u. s. w. losdonnert.

„Aber freilich, der Professor erblickt im Hintergrunde die Kommune von Paris; er hört den Massenschritt der Arbeiterbataillone. Und so sieht er sich denn gezwungen, von seinem einstigen Standpunkt in eine neue Stellung zu retiriren.

„Dass auch diese Position nicht haltbar ist, lässt sich leicht genug erkennen.

„Professor Wagner hält es nicht mehr für unzulässig, dass der Staat dereinst das Grundeigenthum der Grossstädte der Wohnungstheuerung halber expropriire.

„Was würde aber die Folge sein, wenn nicht zugleich die sozialistische Gesellschaft eingeführt würde?

„Entweder müsste der Staat die bisherigen hohen Miethen beibehalten und noch weiter steigern, oder er müsste billige Miethen festsetzen. Im ersten Falle würde der Wohnungsnoth natürlich nicht abgeholfen sein. Im zweiten Falle würde es aber der Provinz ein für alle Mal unmöglich gemacht, in der Industrie mit jenen Grossstädten zu konkurriren. Der Vortheil, welcher den Fabrikanten aus dem grossartigen Markt der Hauptstädte erwächst, wo Rohprodukte und Arbeitskräfte jeder Art leicht beschafft und die Waaren bequem umgesetzt werden können, ist nämlich so enorm, dass schon jetzt, trotz der hohen Bodenpreise und Miethen, die Industrie dort weit günstiger gestellt ist, als in den Provinzen. Daher auch der enorme Zuzug. Würde nun durch Staatshülfe dieser Wohnungsnoth gesteuert, so würde der Zuzug erst recht gross und die Konkurrenz gradezu vernichtend werden.

„Nur der sozialistische Gesellschaftszustand, in welchem die Produktivassociationen nicht konkurriren, sondern gemeinsam arbeiten, kann dies verhüten.

„Im Hinblick darauf gehen wir wohl nicht fehl, wenn wir erklären, dass durch den Sozialismus der Professor Wagner aus einer Position nach der andern verdrängt wird, und dass er vielleicht noch dazu kommt, die einst „widerlegten Irrlehren" Lassalle's anzuerkennen."

— So der Leitartikel des „Neuen Sozial-Demokraten".

Daraus ist nun vor Allem ein Zweifaches zu konstatiren.

Nämlich, dass die Sozialdemokratie, deren offizielles Organ die genannte Zeitung ist (das Blatt bezeichnet sich selbst als „Organ des Allgemeinen Deutschen Arbeiter-Vereins, des Arbeiter-Unterstützungs-Verbandes und des Allgemeinen Deutschen Maurer-Vereins" sowie als „Eigenthum des Allgemeinen Deutschen Arbeiter-Vereins"), dass also die Sozialdemokratie erstens die Aeusserungen des Herrn Wagner im Wesentlichen ganz ebenso auffasst, wie Herr Oppenheim, und zweitens auch seinen Entwickelungsgang geradeso beurtheilt, nämlich dahin, dass er sich in dem Uebergang von einem Volkswirth, oder von einem „Bourgeois-Oekonomen" (das ist ja nach der Ausdrucksweise der Sozialdemokratie identisch) zu einem „Sozialisten" befinde, und dass, da seine jetzige Position eine völlig unhaltbare sei, er immer mehr aus derselben werde verdrängt und endlich genöthigt werden, das Evangelium Lassalle's unumwunden anzuerkennen.

Wenn Herr Wagner konsequent sein will, so bleibt ihm nun nichts übrig, als auch an den „Sozial-Demokraten" einen „Offenen Brief" zu schreiben und über ihn und seine Freunde eine gleiche Fluth von Schimfwörtern auszugiessen, wie über Herrn Oppenheim und die sogenannten „Manchester-Männer". Wir vermuthen jedoch, er wird es bleiben lassen und sich vielmehr zwischenzeitig überzeugt haben, dass man durch solche Polissonnerien, welche an die Zeiten der schlimmsten theologischen Klopffechterei erinnern, sich weder Freunde noch wissenschaftliches Ansehen gewinnt.

Während die Volkswirthschaft durch kein Symptom der Gegenwart mehr beunruhigt wird, als durch die Uebervölkerung der Grossstädte und die Entvölkerung des flachen Landes, — eine Erscheinung, die auch nach der letzten Volkszählung im Deutschen Reiche fast überall zu Tage tritt, — verordnet Herr Wagner das Rezept:

„Uebergang des Grundeigenthums der Grossstädte an die Gemeinde oder den Staat".

An die Gemeinde? — das ist etwas räthselhaft. Woher soll die Stadt Berlin das Geld nehmen, um die Stadt Berlin zu kaufen? Erinnert das nicht unwillkürlich an das schöne alte Studentenlied:

„Ich wollt', ich wär' ein Louisd'or,
Dann kaufte ich mir Bier davor"?

An den Staat? — Nun, das ist nicht grade absolut unmöglich. Der Staat könnte ja eine Milliarde aufbringen, um die grossen Städte zu ihrem jetzigen Grundwerthe zu kaufen und dann die Wohnungen billig zu vermiethen. Aber woher soll er dann das Geld nehmen, um die Milliarde zu verzinsen und zu amortisiren? Soll er wieder anfangen mit dem „Miethesteigern", womit der letzte Hauswirth aufgehört hat? Nein! Also muss er Steuern erheben. Er muss das flache Land besteuern, um den Grossstädtern schöne und billige Wohnungen zu liefern. Wenn man nun auf dem Land schlecht wohnt und viel bezahlt, in der Stadt aber gut wohnt und wenig bezahlt, — was dann?

— „Nun, dann werden Alle in die Stadt ziehen."
Und wenn dann Alle in der Stadt sind?
— „Dann wird sich die Stadt, gleich dem Baron

Münchhausen, an ihrem eigenen Zopfe aus dem Schlamme ziehen."

Gewiss, wenn Herr Wagner durch die Wohnungsnoth beunruhigt wird, wenn er dadurch in eine gewisse Aufregung geräth, wenn er auf Abhülfe sinnt, so macht das seinem Herzen alle Ehre. Ob aber ein so unklarer, unreifer und unlogischer Vorschlag, wie er ihn hier mit der Leidenschaft eines Agitators in die Welt schleudert, — allerdings ist auch dieser Vorschlag wieder von „Vielleicht", „Freilich", „Wenn," Dann," „Aber" und von sonstiger derartiger Sicherheitsmannschaft escortirt, — in gleicher Weise auch seinem Verstande zur Ehre und seiner wissenschaftlichen Stellung zum Nutzen gereiche, — das ist eine andere Frage.

Jedenfalls möchte ich ihm, bevor er in seinen Vorschlägen weiter geht, das Buch eines französischen Volkswirths und Statistikers zum Studium empfehlen. Es lautet: *„Du progrès des agglomérations urbaines et de l'émigrations rurale en Europe, et particulièrement en France, par M. A. Legoyt, Chef de la division de la statistique générale de France, secrétaire perpétuel de la société statistique de Paris."* Das Werk ist 1870 in Marseille erschienen und von der dortigen volkswirthschaftlichen Gesellschaft mit einem Preise gekrönt worden.

Man kann daraus lernen, wie man, anstatt phantastischer, wirklich „realistische" Volkswirthschaft treibt.